古美術商にまなぶ
中国・朝鮮古陶磁の見かた、選びかた

浦上蒼穹堂
浦上 満 著

淡交社

古美術商にまなぶ 中国・朝鮮古陶磁の見かた、選びかた

目次

※作品の寸法は、作品の目安となりやすいもので表記（cm）した。
それぞれの略は以下の通りである。
径　……D.●●cm
高さ……H.●●cm
縦幅……L.●●cm
横幅……W.●●cm

はじめに

楽しみながら真にせまる

やきもののことを英語でチャイナともいいます。それほど中国のやきものは世界中で有名です。それは長い間、美しくてじょうぶな陶磁器を作り続け、世界の陶磁界をリードしてきたからです。

美しくてじょうぶなどと実用品をほめるような表現を使うと、張り飛ばされそうな迫力、パワー、そして息を呑むような荘重美を持つのも中国陶磁です。

その古い起源、永い発展の道程、豊富な種類を通覧するなど考えただけでも気が遠くなってしまいそうです。ですから、ここでは難しい話や、ややこしい話は余りしません。まず作品一点一点を自分が気になったものから見ていかれたらどうでしょう。好きなものを見るのは気持ちがいいですし、興味も自然に湧きます。いわば実物主義です。

中国に隣接する朝鮮半島の陶磁も同様です。古代から中国のさまざまな影響を受けますが、はじめは真似をしていてもそれだけに終わらず独特のやきものを生み出していきます。例えば、高麗《こうらい》時代は中国の宋《そう》時代のやきもの（宋磁）に多く学びますが、12世紀には中国に劣らぬほどの青磁をつくります。この本の宋と高麗のページをめくって比較されても面白いと思います。気品が高いことは共通していますが、高麗青磁の方がやさしく女性的かもしれません。

日本人は世界の人々の中でも大のやきもの好きです。日本陶磁にも素晴らしいものが各時代たくさんありますが、海外の古陶磁といえば日本人にとって中国陶磁と朝鮮陶磁です。そしてその両者を日本人はこよなく愛し蒐《あつ》めてきた歴史があります。南宋時代の砧《きぬた》青磁や天目《てんもく》茶碗などは、日本に世界的名品が残っていますし、それらは「唐物《からもの》」として日本の茶の湯文化にとり入れられました。

ある意味ではそれらが作られた母国よりも日本人の方が理解が進んでいるものもあるといっても過言ではないでしょう。そうした日本人の美意識にのっとって中国や朝鮮半島の古陶磁を見ていくのも一興です。

そして気に入った古陶磁とじっくり対話すれば、それを作った人間やその時代にまで思いを馳せ、時空を越えて楽しむことができるかもしれません。それが古美術を鑑賞する醍醐味だと思います。

越州窯《えっしゅうよう》青磁《せいじ》羊《ひつじ》 | 西晋　L.15.8cm

越州窯《えっしゅうよう》青磁《せいじ》羊《ひつじ》 | 西晋　L.14.8cm

越州窯《えっしゅうよう》青磁《せいじ》羊《ひつじ》 | 西晋～東晋　L.14.4cm

越州窯《えっしゅうよう》青磁《せいじ》鉄斑《てっぱん》羊《ひつじ》 | 西晋～東晋　L.15.7cm

越州窯《えっしゅうよう》青磁《せいじ》羊《ひつじ》 | 西晋～東晋　L.16.0cm

越州窯《えっしゅうよう》黒釉《こくゆう》羊《ひつじ》 | 西晋～東晋　L.15.0cm

越州《えっしゅう》窯《よう》青《せい》磁《じ》蛙《かえる》水《すい》盂《う》｜呉　L.6.2cm

越州《えっしゅう》窯《よう》青《せい》磁《じ》蛙《かえる》水《すい》盂《う》｜呉　L.10.2cm

「水盂」は水を入れる容器。

越州《えっしゅう》窯《よう》青《せい》磁《じ》蛙《かえる》水《すい》盂《う》｜西晋　L.5.5cm

越州《えっしゅう》窯《よう》青《せい》磁《じ》蛙《かえる》水《すい》盂《う》｜呉　L.9.3cm

越州《えっしゅう》窯《よう》青《せい》磁《じ》蛙《かえる》水《すい》盂《う》｜呉　L.6.7cm

越州《えっしゅう》窯《よう》青《せい》磁《じ》蛙《かえる》水《すい》盂《う》｜呉　L.8.8cm

越州《えっしゅう》窯《よう》青《せい》磁《じ》鉄斑《てっぱん》蛙《かえる》水《すい》盂《う》｜東晋　L.8.6cm

越州《えっしゅう》窯《よう》青《せい》磁《じ》蛙《かえる》水《すい》盂《う》｜南朝　L.8.2cm

越州窯［蛙］

越州《えっしゅう》窯《よう》青《せい》磁《じ》蛙《かえる》水《すい》盂《う》｜呉　L.9.2cm

越州《えっしゅう》窯《よう》青《せい》磁《じ》蛙《かえる》水《すい》盂《う》｜呉　L.8.1cm

越州《えっしゅう》窯《よう》青《せい》磁《じ》蛙《かえる》水《すい》盂《う》｜呉　L.9.3cm

越州《えっしゅう》窯《よう》青《せい》磁《じ》蛙《かえる》水《すい》盂《う》｜西晋　L.5.9cm

越州《えっしゅう》窯《よう》青《せい》磁《じ》蛙《かえる》水《すい》盂《う》｜呉　L.8.8cm

越州《えっしゅう》窯《よう》青《せい》磁《じ》蛙《かえる》水《すい》盂《う》｜呉　L.8.5cm

越州《えっしゅう》窯《よう》青《せい》磁《じ》蛙《かえる》水《すい》盂《う》｜西晋　L.7.7cm

越州《えっしゅう》窯《よう》青《せい》磁《じ》蛙《かえる》水《すい》盂《う》｜西晋～東晋　L.7.7cm

一矢報える不思議な世界

いきなり羊（6頭）と蛙（16匹）が集団で登場して驚かれたかもしれませんが、これらは私が2007年3月と10月、ニューヨークと東京のアートフェアで企画した「古越磁《こえつじ》動物百景」展（英語名“Yue Animal Kingdom”）に出陳したものの一部です。

本文中（45～51頁）にも解説がありますが、これらは3世紀から6世紀にかけて浙江《せっこう》省の越州窯《えっしゅうよう》で焼成された中国で最初の本格的青磁なのです。「えっ、これが青磁なの？」と思われるかもしれませんが、それまでの原始青磁や漢時代の青磁と比較すると、濃淡のむらが少なく黄緑色、青緑色のなめらかな青磁釉がかかった、はるかに陶磁器らしいものなのです。造形的にも殷《いん》時代以来、圧倒的な存在感を誇る青銅器の陰にあって、その形を模倣することが多かったやきものが、新しく固有の形を獲得したという中国陶磁の発展史においてエポックメイキングな意味もあるのです。

この「古越磁動物百景」展には、全部で249点の動物造形作品を集め展示しましたが、東洋古陶磁研究の第一人者の方から「これほど大量の古越磁動物形明器《めいき》を一堂に見る機会は、空前絶後のことである」という評価をいただきました。母国である中国でもなかなか見ることができないものを揃え、ヴィジュアルにご紹介しようというのが本書の趣旨でもあります。それもできるだけ美術館に収まっている有名品以外のもの、いいかえれば今日でもタイミング次第で入手可能なものも、かなり所載しています。高嶺の花とあきらめないで、まだまだ美術館で展観されてもよいクラスの作品が手頃な価格で買えるという不思議な状況が実際に存在することも頭に入れておいて下さい。私も古美術商として独立して32年の間に国公立や財団法人の美術館、そして海外の有名美術館にかなりの数の作品を納めてきた実績がありますので、その辺は断言できます。

なによりも良いものをたくさん見て、自分の好みのやきものを選ぶことです。そうすれば膨大な陶磁史もやきものとともにすんなりと吸収できてくるのではないでしょうか。

越州窯青磁熊《えっしゅうようせいじくま》｜西晋　H.8.7cm

中国陶磁

中国はやきものの母国といえます。中国陶磁は新石器時代から清時代まで約８０００年の間、自律的で論理的な発展を遂げてきました。自律的というのは、時代や生産地（窯）ごとに自ら発明して発展し頂点を極め、衰退し、また新たな発明、発展、衰退を繰り返してきたということです。論理的な面は、とても理にかなっていて正攻法で、完璧な形や色を追求し、人為を最高に達成し神品をつくろうとする姿勢です。

土器に始まり、焼き締め、釉薬をかけた陶器、ガラス質の白い素地をもつ磁器へと発展しますが、各時代ごとに世界中でもっとも進歩したやきものを作り、供給し、それが世界各地で受容され、それぞれの国の陶磁に影響を与えてきたのです。日本や朝鮮半島、ベトナムなどアジアの国々はもちろん、シルクロードを西に進んだ中近東やヨーロッパの陶磁器も中国ありきで発達したものが多く見受けられます。

中国は歴史が長大で地域も広大なので、陶磁史も複雑で一見とてもわかりにくいようですが、発展と衰退を自律的に繰り返していることを把握すれば至極わかりやすいともいえるのです。やきものはまず中国から入ることをお勧めします。

中国古陶磁の流れ

中国略年表

年代	時代
6000	新石器時代（仰韶文化・馬家窯文化・紅山文化・大汶口文化・龍山文化・二里頭文化）
4000	
2000	夏
1500	商(殷)
1000	西周
800	
600	春秋（東周）
400	戦国（東周）
200	秦
BC / AD	前漢・新
100	後漢
200	三国
300	西晋

新石器時代《しんせっきじだい》

仰韶《ぎょうしょう》文化　BC5000年~BC3000年
半坡《はんぱ》類型　BC4800年~BC4200年
馬家窯《ばかよう》文化　BC3800年~BC2000年
馬家窯類型　BC3100年~BC2700年
半山《はんざん》類型　BC2600年~BC2300年
馬廠《ばしょう》類型　BC2200年~BC2000年
紅山《こうざん》文化　BC4700年~BC2900年
大汶口《だいぶんこう》文化　BC4300年~BC2400年
龍山《りゅうざん》文化　BC2400年~BC2000年
二里頭《にりとう》文化　BC2100年~BC1500年

[彩陶・紅陶・白陶・黒陶・灰陶]

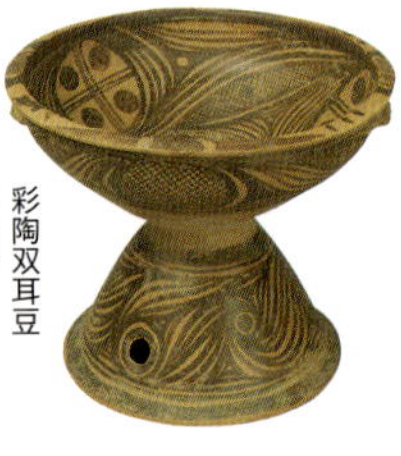

彩陶双耳豆（15頁）

夏《か》　BC2100年~BC1700年

中国最古と伝えられる王朝。

商《しょう》(殷《いん》)　BC1600年~BC1050年

[灰釉陶器(原始青磁)が出現]

西周《せいしゅう》　BC1050年~BC771年

武王が商を滅ぼし、周王朝を建国。現在の西安に都を定める。

灰釉印文三耳壺（28頁）

東周《とうしゅう》　BC770年~BC256年

周の幽王が殺され、都を現在の洛陽に移して東周王朝となるが、小国家が競い合う時代となる。これ以降を春秋時代という。

春秋《しゅんじゅう》　BC770年~BC403年

戦国《せんごく》　BC403年~BC221年

「戦国の七雄」とよばれる七大国が覇を競い合う。

[印文硬陶が盛行]

灰陶印文長壺（27頁）

隋《ずい》　581年~618年

およそ300年ぶりに中国が再統一される。

[白磁の誕生]

唐《とう》　618年~907年

李淵が隋を滅ぼして大帝国を建国。

[唐三彩]
[白磁の発展]

五代・十国《ごだい・じゅっこく》　907年~960年

華北を統治した五つの王朝と、その他の地方政権が興亡。

[越州窯の発展]

藍緑彩双耳壺（58頁）

遼《りょう》　907年~1125年

遊牧民族契丹が中国東北部に建国した王朝。

宋《そう》　960年~1279年

金に華北を占領されるまでを北宋、それ以後を南宋とよぶ。

北宋《ほくそう》　960年~1127年
南宋《なんそう》　1127年~1279年

[定窯・耀州窯・汝官窯・南宋官窯・景徳鎮窯・龍泉窯・鈞窯・磁州窯・建窯・吉州窯]

緑釉鳳首瓶（66頁）

西夏《せいか》　1038年~1227年

タングート族が中国北西部に建国した王朝。

金《きん》　1115年~1234年

中国北半分を支配した女真族の王朝。遼・北宋を滅ぼし、西夏を服属させた。

元《げん》　1279年~1368年

中国とモンゴル高原を中心とした領域を支配した大帝国。

[青花の誕生]

龍泉窯青磁三足香炉（96頁）

・各年代には、研究ごとに異同があります。
・BCは紀元前、ADは西暦を示す。

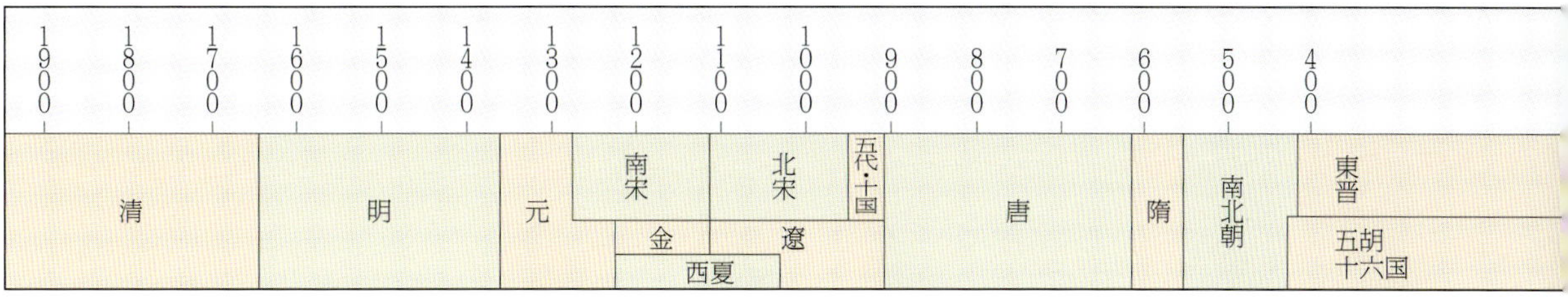

秦《しん》　BC221年〜BC206年

秦の始皇帝が史上初めて中国を統一。

漢《かん》　BC202年〜220年

前《ぜん》漢《かん》　BC202年〜8年
劉邦が項羽を破り中国を統一。

新《しん》　8年〜23年
新に滅ぼされるまでを前漢とよぶ。

後《ご》漢《かん》　25年〜220年
劉秀（光武帝）が王莽を破り、漢帝国を復興する。

［鉛釉陶器（緑釉・褐釉）］

緑釉銀化大壺（33頁）

三国《さんごく》　220年〜265年

魏・呉・蜀の三国が中国国内に成立。

［越州窯で青磁が完成（古越磁）］

晋《しん》　265年〜420年

西《せい》晋《しん》　265年〜316年
東《とう》晋《しん》　317年〜420年
五胡十六国《ごこじゅうろっこく》　304年〜439年

［古越磁の多様化］

越州窯青磁大羊（46頁）

南北朝《なんぼくちょう》　420年〜589年

華南の漢民族による南朝と、華北の鮮卑族による北朝が並立。

北朝
北魏《ほくぎ》　386年〜534年
東魏《とうぎ》　534年〜550年
北斉《ほくせい》　550年〜577年
西魏《せいぎ》　535年〜557年
北周《ほくしゅう》　557年〜581年

南朝
劉宋《りゅうそう》　420年〜479年
南斉《なんせい》　479年〜502年
梁《りょう》　502年〜557年
陳《ちん》　557年〜589年

［鉛釉陶器（白釉・三彩・緑釉）］

加彩武人俑（39頁）

白釉突起文碗・常盤山文庫蔵（52頁）

明《みん》　1368年〜1644年

元をモンゴル高原に撤退させて建国した漢民族の王朝。

洪武《こうぶ》　1368年〜1398年
建文《けんぶん》　1399年〜1402年
永楽《えいらく》　1403年〜1424年
洪熙《こうき》　1425年
宣徳《せんとく》　1426年〜1435年
正統《せいとう》　1436年〜1449年
景泰《けいたい》　1450年〜1457年
天順《てんじゅん》　1457年〜1464年
成化《せいか》　1465年〜1487年
弘治《こうじ》　1488年〜1505年
正徳《しょうとく》　1506年〜1521年
嘉靖《かせい》　1522年〜1566年
隆慶《りゅうけい》　1567年〜1572年
萬暦《ばんれき》　1573年〜1620年
泰昌《たいしょう》　1620年
天啓《てんけい》　1621年〜1627年
崇禎《すうてい》　1628年〜1644年

［青花・五彩・法花］

青花花唐草文稜花盤（112頁）

五彩魚藻文壺・福岡市美術館蔵（119頁）

清《しん》　1644年〜1912年

ヌルハチが満州族を統一して建国した中国最後の王朝。

順治《じゅんじ》　1644年〜1661年
康熙《こうき》　1662年〜1722年
雍正《ようせい》　1723年〜1735年
乾隆《けんりゅう》　1736年〜1795年
嘉慶《かけい》　1796年〜1820年
道光《どうこう》　1821年〜1850年
咸豊《かんぽう》　1851年〜1861年
同治《どうじ》　1862年〜1874年
光緒《こうちょ》　1875年〜1908年
宣統《せんとう》　1909年〜1912年

［古染付・色絵祥瑞・南京赤絵・呉州赤絵］

粉彩桃樹文盤（125頁）

古代《こだい》の土器《どき》

陶磁王国の幕開け

新石器時代〜

土器といえば我々日本人は、まず縄文《じょうもん》土器を思い浮かべるでしょう。火焔《かえん》土器などの造形の力強さには圧倒されます。それに約1万年の間、作られていて、それは中国最古のやきものと比べても古いものです。しかし残念ながら、脆《もろ》い。こわれやすいのです。それは野焼きのような方法をとるので、焼成温度が６００度から７００度くらいしか上げられなかったことによります。その点、中国では新石器時代の８０００年前くらいから土器が作られはじめ、その後、窯の開発、改良が時代ごとになされ、高火度焼成が可能になりました。意匠と技術の両輪がうまくかみ合い、中国は世界に冠たる陶磁王国となっていくのです。

紀元前４０００年頃に中原《ちゅうげん》の黄河《こうが》流域に仰韶《ぎょうしょう》文化が興ります。原始的な構造の窯が作られ、一度に大量の土器が焼けるようになりました。その代表的なものに素焼の肌に黒やセピア色で彩色文様を施した一群があり、一般にそれらをアンダーソン土器とよんでいます。それは１９２１年、スウェーデンの地質学者J・アンダーソンが中国の河南《かなん》省仰韶村において彩文土器を発見したことによっています。また、仰韶文化の名称もこれに由来します。

アンダーソンは、その彩文をもった土器の起源を西アジアではないかと考えましたが、20世紀後半、中国の考古学者たちの精力的な調査、研究により、これらの彩文土器は中国で発祥し展開したということが証明されました。

中国では土器という表現を使わず陶とよぶので、これらの彩文土器も彩陶《さいとう》とよばれます。

ちなみに赤ければ紅陶《こうとう》、白ければ白陶《はくとう》、灰色なら灰陶《かいとう》、黒ければ黒陶《こくとう》と、ある意味では単純明快といえるでしょう。

彩陶人物文《さいとうじんぶつもん》把手《はしゅ》壺《こ》｜新石器時代　馬家窯文化　H.24.5cm

不思議なことに、西アジアを始め世界各地で新石器時代にさしかかると、こういった彩文土器が作られます。宇宙人が地球のあちこちに飛来し、このような土器の製法を教えたのではと空想したくなります。この作品に描かれている人のようなものは宇宙人っぽく見えませんか。また、コンテンポラリーアートのキース･ヘリングが描いた人物にも似ています。そう、すごく古いものは、すごく新しいものに感覚が近いことがあります。

彩陶

〈さいとう〉

彩陶は黄河流域に誕生した古代中国文明の象徴ともされるやきものです。研磨した土器に筆状の道具を用い、鉄やマンガンなどの顔料で文様を描きます。半地下式の窯で900度くらいの高温で焼成されたようです。基本的には幾何文様が描かれることが多く、祭祀や副葬用に用いられたと考えられています。

今から30〜40年前までは、とても高価なもので、大きくて形が良く、絵も魅力的な壺なら軽く1000万円以上はしました。小壺でも良い物は150万円くらいしていましたが、今は10分の1くらいで買えます。形、絵の良いものがあれば買っておくのもよいでしょう。ただ、アト絵といって発掘後に、彩文を描いたものも多いので注意して下さい。

彩陶双耳壺《さいとうそうじこ》 | 新石器時代　馬家窯文化 半山類型　H.35.5cm

馬家窯（ばかよう）文化半山類型の典型作で、器形も大きく堂々としています。胴部には4つの渦巻文の中心から左右に展開する四大円圏文とよばれる文様が描かれています。

彩陶《さいとう》双《そう》耳《じ》壺《こ》｜新石器時代
馬家窯文化 馬廠類型　D.10.2cm

馬家窯文化馬廠（ばしょう）類型の作品。可愛くて愛嬌があります。

彩陶《さいとう》双《そう》耳《じ》壺《こ》｜新石器時代
馬家窯文化 馬廠類型　D.15.3cm

この壺も手頃な大きさで、値段も手頃です。落としを入れて、花など活けても似合います。

彩陶《さいとう》双《そう》耳《じ》尖底瓶《せんていへい》｜新石器時代　馬家窯文化 馬家窯類型
H.44.5cm　山口県立萩美術館·浦上記念館蔵

均整のとれた美しい形の尖底瓶です。尖底瓶は、底部が尖った器形で、そのままでは立てることができません。穴を掘って土や砂地にさして使用したと考えられます。

馬家窯文化馬家窯類型の作品で、軽快でリズミカルな流水状の文様が密に描かれています。

彩陶《さいとう》双《そう》耳《じ》豆《とう》｜新石器時代
馬家窯文化 馬家窯類型　H.25.3cm

これも馬家窯文化馬家窯類型の典型作で、曲線文や幾何学文を緻密に組み合わせた文様が器全体に描かれています。この高坏のような形を豆とよびます。

早い段階に
酸化焰で焼かれた
赤褐色の土器

紅陶
〈こうとう〉

中国で最初に焼かれた土器は、野焼きで700~800度の酸化焰《さんかえん》で焼き上がった赤褐色のものと考えられています。一般的に紅陶は、灰《かい》陶《とう》、白陶《はくとう》、黒陶《こくとう》などにさきがけて新石器時代の早い段階から焼成されました。ここに掲げた紅陶3点は、すでに窯が作られ、温度が900度くらいに高められたものです。

紅陶双耳尖底瓶《こうとうそうじせんていへい》 | 新石器時代
仰韶文化 半坡類型　H.32.7cm

半坡（はんぱ）遺跡は今から6000年前のもので陝西省西安郊外にある仰韶文化の代表的遺跡です。尖底瓶は、水などを入れた容器と考えられますが、水を汲み上げる時に用いられたともいわれます。

D.23.6cm

紅陶四耳壺《こうとうしじこ》 | 新石器時代　紅山文化

紅山文化は、黄河中流域の仰韶文化にほぼ平行して6000年から5000年前に、現在の遼寧省から内モンゴル自治区の地域にかけて展開した文化です。

紅陶《こうとう》鬶《き》｜新石器時代　大汶口文化　H.23.5cm

3 本の袋状の太い脚に、くちばし状の注口と把手がついた器形で鬶とよばれます。中に水や酒を入れ、脚の下に火を入れて温めたようです。ものすごくグラマラスな印象で女性の持つ底知れぬパワーを連想します。

白陶

〈はくとう〉

新石器時代の大汶口《だいぶんこう》文化後期から龍山文化期にかけて、白い土器があらわれます。彩陶や灰陶に比べて、鉄分の少ない陶土が用いられています。ここに掲げた大汶口文化期の3点は、器体が薄く作られ、器表も丁寧に研磨されています。土器の最高峰という人もいます。何より斬新かつ優雅な造形に目と心が奪われます。

このような作品が、後の殷《いん》、周《しゅう》の青銅器にどのような影響を与えたのか大へん興味深いところです。そう、青銅器文化の前にこのような洗練された造形があったのです。

白陶把手杯《はくとうはしゅはい》 ｜新石器時代
大汶口文化　W.11.6cm

今、我々が使っているマグカップにそっくりの形ではありませんか。今から4500年前のものです。

白陶盉《はくとうか》 ｜新石器時代　大汶口文化　W.25.8cm

カオリン質の高い白色粘土をよく水簸し還元焔で焼成しています。三足はカメラの三脚と同じで最も安定します。

白陶《はくとう》鬹《き》｜新石器時代　大汶口文化　H.32.8cm

くちばしのような注口が、鳥を連想させますが、胴体は動物が踏ん張っているようにも見えます。アーティストの荒川修作さんは、この作品を見て、「今にも動き出しそうだ。生きているんだ。」と言われました。

超薄作り、ろくろによる成形

黒陶〈こくとう〉

新石器時代後期、黄河中・下流域で仰韶文化に次いで興った龍山《りゅうさん》文化の代表格は黒陶です。窯をふさいで、いぶし焼きのような状態にすると窯の中の炭素が土器の表面について、漆黒のやきものになります。それが黒陶の製作技法といわれています。それらの中には卵殻《らんかく》黒陶とよばれる超薄作りで、手に取るとその軽さに驚いてしまう一群があります。当然成形段階でろくろが使用されています。薄いだけでなく、ワイングラスを彷彿とさせるようなエレガントな形をした「黒陶高脚杯」。4000年前の人々は一体このような杯でどのようなお酒を飲んでいたのでしょうか。

黒陶高脚杯《こくとうこうきゃくはい》 | 新石器時代　龍山文化　H.23.2cm

卵殻黒陶は技術的に現代でも作ることが困難といわれています。器の表面は丁寧に研磨されています。1994年、東京国立博物館で開催された「中国の陶磁」展で、ポスター、チラシ、入場券のメインデザインとして使われたのがこの高脚杯でした。

黒陶有蓋豆《こくとうゆうがいとう》 一対｜戦国　左:H.53.8cm　右:H.54.1cm　山口県立萩美術館·浦上記念館蔵

右ページの卵殻黒陶から1500年後、中国の戦国時代の作品です。斬新なデザインですが、漢字の「豆」の字の原形です。

黒陶研磨文有蓋瓶《こくとうけんまもんゆうがいへい》｜戦国　H.26.5cm

黒くいぶした黒陶の表面に、ヘラ先などで磨光文ともよばれる細かい研磨文が施されています。

黒陶は新石器時代後期の龍山文化期に大いに発達したものの、殷《いん》（BC1600〜BC1050）や西周《せいしゅう》（BC1050〜BC771）の時代にはそれほど目立つ遺品がありません。しかし戦国時代（BC403〜BC221）になると非常にレベルが高くなります。それらは青銅器や漆器の精巧な写しが多く、成形後に研磨され、文様を竹や木を用いて施し、いぶし焼きで焼成されたものです。

その後、前漢（BC202〜AD8）にも黒陶は作られ、殊に四川《しせん》省の理《り》蕃《ばん》文化の「黒陶双耳大壺（左頁）」は独特の存在感があります。このタイプの壺は、20年前までは大英博物館、ホノルルアカデミーオブアーツそして東京国立博物館の3点しか確認されておらず、大へん稀少で貴重なものでした。世界中の古代中国陶磁ファンの垂涎《すいぜん》の的でしたが、大量に発掘され香港の市場に流れ込むと相場が暴落しました。私も夢中で買いましたが、一つの文化を形成する遺物群は膨大でした。しかし、大きさ、形、牛眼の作行、状態の良いものは、実はそんなに多くはありません。

黒《こく》陶《とう》双《そう》耳《じ》大《たい》壺《こ》｜前漢　H.33.0cm

四川省の理蕃文化。アンフォラ形で牛眼とよばれる不思議なデザインが特徴で、２０年前は世界で3点しか確認されていませんでした。アンフォラとは、古代ギリシア陶器の器形の一種で、口縁部から肩にかけて二つの持ち手を持つ壺のことです。

灰陶

〈かいとう〉

土器の焼成技術が段々と高くなり、気密性のある窯による焼成が始まると、窯の中の温度が1000度前後に高まり、還元焔《かんげんえん》で焼き締まりが強い灰陶が焼成されるようになりました。硬くて強い灰陶は日常の容器としても生産され、広い用途、範囲で使われました。

灰陶把手鬲《かいとうはしゅれき》｜殷

小ぶりですが、とても形が締まっていて緊張感のある作品です。鬲に把手（とって）がついていますが左頁の大作も同じ形です。

H.8.9cm

灰陶双耳有蓋壺《かいとうそうじゆうがいこ》｜新石器時代　馬家窯文化　H.36.5cm

ムーミンにでてくるスナフキンの帽子のような形の蓋がついた壺です。不思議なことは、胴の上部にあるヒビのような線が蓋と身の境だということです。

灰陶《かいとう》 縄《じょう》 蓆文《せきもん》把《は》手《しゅ》鬲《れき》｜新石器時代　二里頭文化　H.47.0cm　出光美術館蔵

豊満なトルソを連想する巨大鬲です。いけばな作家の中川幸夫さんはこの作品に触れた感想を「右手首を挿し入れた時、手首に冷感が走り、皮膚が粟立った。」と「芸術新潮」に書かれました。

灰陶印文突帯壺《かいとういんもんとったいこ》｜戦国　H.21.0cm

広口で肩が張り、三方に棒状の突起がついています。
胴部の叩文も上下で異り、手がこんだ優品です。

灰陶印文壺《かいとういんもんこ》｜春秋　D.14.4cm

春秋期の壺で、やや器壁が厚いのですが端正な印象を受けます。底裏に矢印形の窯印があります。

灰陶布目印文管耳小壺《かいとうぬのめいんもんくだみみしょうこ》｜戦国　D.9.7～14.5cm

主に、長江下流域、華南で作られた印文硬陶は、高火度で焼成されたやきもので、叩くと金属的な音がします。これら３点は肩に管状の耳がついていますが、並べると団子三兄弟のような愛嬌があります。

印文硬陶《いんもんこうとう》（灰陶印文）について

表面に布目文、米字文、方格文などの細かい叩文を施した高火度の焼き締め陶器で、春秋（ＢＣ７７０～ＢＣ４０３）から戦国時代（ＢＣ４０３～ＢＣ２２１）に盛行しました。春秋期のものは器壁がやや厚いものが多いですが、戦国期のものは、薄い作りでよく焼き締まり、口作りがとてもシャープです。

灰陶印文長壺《かいとういんもんちょうこ》｜戦国

この大壺は、典型的な戦国時代の印文硬陶です。硬く焼き締まり、形も厳しいので、無機質なコンクリートのビルの一隅に置いても似合うと思います。

H.56.8cm

灰釉陶器

〈かいゆうとうき〉

紀元前１５００年頃、殷《いん》時代（ＢＣ１６００〜ＢＣ１０５０）中期に灰釉陶器が出現します。窯の中で燃料の薪の灰が器に自然に降りかかり、胎土の珪酸《けいさん》分が溶けてガラス質の皮膜ができたものを自然釉とよびます。その現象に着目して意図的に灰釉（木灰釉）を陶器にかけ、高温で長時間焼成したものが灰釉陶器です。中国では人工的に釉がかけられているということで、それらを「原始青磁」とよんでいます。

ちなみに中国では施釉された高火度のやきものは全て「瓷器（磁器）」とよんでいます。

灰釉陶器は、殷時代から戦国時代（ＢＣ４０３〜ＢＣ２２１）までの１０００年余りの間に少しずつ進歩し、稚拙な施釉陶器の段階から、成熟度の高い青磁の先駆的作品へ変わっていきます。

灰釉有蓋小《かいゆうゆうがいしょう》壺《こ》｜西周

D.9.8cm

暗緑色のムラのある灰釉がかかっています。肩に小さなS字形の貼付け文があります。

灰釉印文三《かいゆういんもんさん》耳《じ》壺《こ》｜西周　D.19.6cm

金属器の雰囲気が感じられる灰釉陶器です。灰釉はよく溶けていて、釉流れも見られます。灰釉陶器は印文硬陶と異り青銅器の代用品として作られた可能性が高いと考えられます。

灰釉《かいゆう》印文《いんもん》双耳《そうじ》円胴《えんどう》壺《こ》｜春秋　H.30.3cm　出光美術館蔵

大きく張り出した胴の上半分は、「f」字形の主文が、下半分には格子目状の文様が印刻されています。このような大作の灰釉陶器は春秋以前には見られません。エポックメイキングな作品といえます。

灰釉獣面匜《かいゆうじゅうめんい》｜戦国　H.14.0cm

口縁の一部に獣面が装飾されています。大きさ、形とも非常によく似た作品が上海美術館に所蔵されています。匜とは酒や水を注ぐために用いる把手と注口のついた容器です。

灰釉印刻文甬鐘《かいゆういんこくもんようしょう》｜戦国　H.37.5cm

右の作品と一対のようですが、細部の突起が少し違います。青銅器の器形に極めて酷似していますが当然叩くと割れます。

灰釉印刻文甬鐘《かいゆういんこくもんようしょう》｜戦国　H.37.3cm

青銅器の楽器を灰釉陶器で写したものですが、なまじの青銅器の鐘より、はるかに精巧にできています。

灰釉印文《かいゆういんもん》盉《か》｜戦国　H.20.7cm

盉とは把手のついた土瓶型の器です。この作品も青銅器をよく写して、注口は獣頭形に作られ胴にはS字形の印刻が施されています。

灰釉 鎬 文饕餮双《かいゆうしのぎもんとうてつそう》耳《じ》壺《こ》｜戦国　H.23.7cm

この壺は、器形、素地、釉薬において、ほぼ完成された灰釉陶器といえます。

漢《かん》の鉛釉陶器《えんゆうとうき》

副葬品として制作された軟陶

緑釉と褐釉
〈りょくゆうとかつゆう〉

鉛釉は鉛を主成分とし、灰釉とともに陶磁器の基本的な釉薬の一つです。しかし、灰釉陶器のように1000度以上の高火度で焼成すると釉がとんでしまい、700度~800度の低火度で焼成しないと鮮やかな発色になりません。そのため、漢を代表する緑釉陶器や褐釉陶器は灰釉陶器のように硬く焼き締まっていないので、軟陶といえます。当然日常の生活器としてはあまり用をなさず、主に副葬品として制作されました。その背景には、漢時代(BC202~AD220)の厚葬の風潮があり、人々は死後の世界においても生前と同様に豊かな生活ができるよう壺などの器皿類と人間や動物、家屋、井戸、倉などの俑《よう》や明器《めいき》を盛んに作りました。

ちなみに酸化銅を呈色剤とすると緑釉に、酸化鉄を呈色剤にすると褐釉になります。褐釉は文字通り褐色の釉で、緑釉より少し早く、前漢後期にあらわれますが、数の上では緑釉の作品よりずっと少ないです。

緑釉鴨池《りょくゆうかもいけ》 | 後漢　D.34.0cm　山口県立萩美術館・浦上記念館蔵

華やかな透かしの入った鉢ですが、池を象徴的にあらわしています。鴨、すっぽん、魚など水辺の生き物と一緒に人間や龍もいて、実在の鴨池というより、神仙思想を背景とした理想郷の鴨池と思われます。

緑《りょく》 釉《ゆう》銀《ぎん》化《か》大《たい》壺《こ》｜漢　H.42.4cm

釉薬に含まれる鉛の成分が永い間土中にあって釉の表面が銀色に化学変化するものがあり、「銀化」とよんでいます。2000年の時間のなせる技で、まさに「古色蒼然」としています。もちろんこの壺のように元々、釉が厚くかかっていて美しい銀化でないといけません。

褐釉《かつゆう》有蓋《ゆうがい》壺《こ》 | 漢　H.17.6cm

褐釉は緑釉より先行して作られたと考えられます。この壺は褐釉もきれいですが、蓋も含めた全体のフォルムが優美です。

緑《りょく》 釉《ゆう》壺《つぼ》 | 後漢　D.15.4cm

2000 年前に作られたとは思えないほど、艶やかな釉がかかっています。形もメリハリがきいています。

緑《りょく》 釉《ゆう》囷《きん》 | 後漢　H.34.5cm

囷とは笠形の屋根をもった穀物倉のミニチュア明器です。死後も食料が豊富にあるよう願いがこめられています。熊の姿をした３本の足は、大切なものを守るという意味合いです。

緑《りょく》 釉《ゆう》犬《いぬ》 | 後漢　H.34.5cm

犬は古くから人間にとってなじみの深い動物ですが、外敵の侵入や邪を退ける存在としても大切にされました。この犬は首から胴にかけて飾りのついた引き具をつけています。

漢緑釉の「値段」

1980年頃から香港やマカオに中国古陶磁が大量に出まわりはじめました。

中国の改革・開放政策と軌を一にするように、中国本土から流出したのです。当然、需給バランスが崩れて、ほとんどの中国古陶磁は暴落しました。

その代名詞ともいえるものが、漢時代（BC202〜AD220）の緑釉陶器で、200万円から500万円していた出来のよい大壺が50万円から100万円くらい、緑釉銀化の小壺が業者の交換会で150万円した優品クラスですら10分の1くらいまで下がりました。コレクターや古美術商の間から、「漢の緑釉なんて、いくらも出てきてどうしようもない」といった怨嗟《えんさ》の声すら聞こえてきました。しかし、同じ時代の同じ技法による作品でも一点一点作ぶりも焼き上がりも違うのです。優品もあれば駄品もある、まさに千差万別なのです。

500万円していた漢緑釉の大壺は、めったにない名品で、だから高値がついたのです。たしかに名品も値下がりしましたが、元々大したこともない類品が安くなったからといって、一緒くたにしてはいけません。美術品は選んで買えるうちが花です。そのジャンルの中で、一頭抽《ぬき》んでているものを見つけることが大切だと思います。

緑釉博山奩《りょくゆうはくさんれん》｜後漢　H.28.6cm

温酒尊ともよばれる酒を暖める容器です。本来は青銅製のものですが、明器として陶器でも作られました。蓋には峰が幾重にも重なった山岳があらわされています。

褐釉宴会文奩《かつゆうえんかいもんれん》｜漢　H.20.6cm

胴にぐるりと宴会図が陽刻であらわされていてその図中に奩が出てきます。奩の３本の足は大てい熊が多いのですが、この作品は人間です。

俑《よう》

死後の世界を豊かにという願いをこめて

灰陶加彩
〈かいとうかさい〉

明器《めいき》とは、墳墓に納められた副葬品のことで、俑は明器の一種で人間や動物をかたどったものです。

古代中国の人々は、人間の霊魂は不滅であり、墳墓がその住まいであると考えていました。墓主が死後の世界で充足した生活が送れるように現実世界のさまざまなものを明器や俑に作って副葬しました。

ここではまず、灰陶と灰陶の器面を焼成後に顔料で彩色した灰陶加彩の俑を紹介します。

加彩馬頭《かさいばとう》 | 漢　L.16.6cm

龍のようにも見える力強い加彩の馬頭です。皇帝はじめ名馬・良馬を求める気持ちは当時大へん強かったようです。

灰陶豚家族《かいとうぶたかぞく》 | 漢　父豚:W.13.8cm　母豚:W.15.4cm

母豚は横になり、3匹の仔豚に乳を与えています。父豚は立ってエサを食べています。何ともほほえましい豚の一家です。

灰陶《かいとう》坐《ざ》美《び》人俑《じんよう》｜前漢　H.34.4cm

髪を左右に分けて後ろで束ね、長い衣の袖口を合わせて端然と坐っている女子。
表情も凜として奥深い静謐さが漂います。

加彩駱駝《かさいらくだ》 ｜ 北魏　H.25.6cm　山口県立萩美術館・浦上記念館蔵

この時代は西方との交流が盛んになり、輸送手段として「砂漠の舟」ともよばれた駱駝の土偶がよく見られます。頭部が小さめに作られ、四肢も細く長いですが、力強さがみなぎっています。北魏駱駝の代表的な作品です。

加彩武人俑《かさいぶじんよう》｜北斉　H.27.6cm

鎧兜で身を固め、厳しい表情をした武人の俑です。左手で大盾を押さえ、右手には武器を持っていたらしい穴があります。武器は木製で朽ちたと思われます。

灰陶加彩犬《かいとうかさいいぬ》｜北魏　L.14.2cm

口をわずかに開け唸っている犬なのでしょうが、歯を見せてニッと笑っているようにも見えます。犬の性格や内面まで観察して作っています。

加彩人物俑《かさいじんぶつよう》｜北魏　H.13.7～17.3cm

踊る農民を象った俑です。7体がそれぞれ違う動作をしていますが、全体として収穫の喜びをあらわすような歓喜の空気が伝わってきます。

加彩《かさい》騎馬《きば》美人俑《びじんよう》 | 唐　H.41.1cm～42.4cm

力強く姿の良い4頭の馬に乗る若く美しい4人の女性達。いかにも優雅で、その時代の華やかさが伝わってきます。

加彩《かさい》牛車《ぎっしゃ》・騎馬《きば》人物俑《じんぶつよう》 | 唐　W.28.8cm～31.3cm

牛車は一般に運搬用のものですが、乗用としても用いられました。この作品はたくましい牛が何か大切なものが入った牛車を牽いていて、屈強そうな護衛がそれを守るように随行しています。

加彩美人俑《かさいびじんよう》 一対｜唐　左:H.46.5cm　右:H.46.0cm

パンクーニャンとよばれる唐の代表的な女子俑で、ふくよかでゆったりとした優雅な作品です。当時の女性の理想像といわれ、この姿は「樹下美人」ともよばれます。日本の天平美人の条件「下ぶくれ、娥眉（がび）、おちょぼ口」もこの唐美人の影響でしょう。

施釉の俑
〈せゆうのよう〉

唐時代（618～907）は、国際色あふれる貴族文化が花開き、美しく華やかなもの、珍しいものが俑の形になってあらわれます。墓の副葬品など気持ちが悪いと思う人もいますが、私はかねがね1200年の時空を超えて現代に生きる我々に届いたタイム・カプセルだと考えています。俑に限らず、唐以前の古陶磁器はほとんどが発掘品で、伝世品はほんの僅かです。

唐時代は陶俑の歴史の中でも最も華麗な時代といわれています。鉛釉の単色や三彩などで鮮やかに施釉された人物や動物がカラフルに生き生きと表現されています。とくに則天《そくてん》武后《ぶこう》が栄華をきわめた690年頃から755年に勃発した安史《あんし》の乱までが、盛唐様式の俑の絶頂期といえます。

褐釉犬《かつゆういぬ》｜唐　H.25.4cm

当時シルクロードを通じて西方からもたらされたハウンドドッグをつぶさに観察して一瞬の動きを見事に表現しています。戦前から日本にある唐犬の名品です。

三彩《さんさい》騎《き》馬《ば》美《び》人俑《じんよう》 一対｜唐　左:H.41.3cm　右:H.41.0cm

馬に乗る二人の唐美人は、それぞれ髪を美しく結い上げ、ゆったりとした品の良い服を着ています。いかにも王族か貴族の婦女子が馬上で語らいながら遠出でもしているようです。

青《せい》磁《じ》

青銅器の呪縛からの解放

三国〜隋時代

紀元前1500年頃、中国最古の釉薬である灰釉《かいゆう》が出現し、この灰釉がかけられたやきものを「原始青磁」とよんでいることは既に述べました。胎土《たいど》、釉などの成分や生成の原理が、後の青磁と大きく変わらないからです。ただそれを青磁の誕生とするかは、まださまざまな見解があるようです。

西周（BC1050〜BC771）、春秋（BC770〜BC403）、戦国時代（BC403〜BC221）を経て、本格的な青磁の誕生は後漢時代（25〜220）の2世紀まで待たねばなりませんでした。

灰釉五管瓶《かいゆうごかんへい》｜後漢　H.28.5cm

後漢中期以降に浙江省の窯では急激に本格的な青磁生産に向けての動きを見せます。この五管瓶は、古越磁の神亭壺の祖型ともいうべきものです。

灰釉双耳壺《かいゆうそうじこ》｜後漢　H.42.0cm

漢時代の典型的な灰釉壺は鉄分の多い胎土と釉薬を酸化炎焼成ぎみに焼いたのに対し、この壺は鉄分の少ない胎土を用いて、還元炎焼成しています。

隋以前の越州窯青磁

古越磁〈こえつじ〉

漢（BC202〜220）に続く、三国時代（220〜265）から西晋（265〜316）にかけて浙江省の越州窯《えっしゅうよう》で青磁が完成されます。隋以前、南朝までの越州窯の作品を日本では「古越磁」とよんでいます。一見、朽葉色の渋い発色ですが、じっくり見ていくと奥深い趣があります。

古越磁には羊や獅子、犬、鶏、蛙など動物をモチーフにした作品が多く見られ、それらは一点一点個性があり、子供の粘土細工のように自由にのびのびと作られています。

長い間、青銅器文化の重圧に押されつづけたやきものが、その可塑性をいかんなく発揮したもので、「青銅器の呪縛からの解放」といった学者もいます。

越州窯《えっしゅうよう》青磁《せいじ》鶏頭《けいとう》壺《こ》｜西晋　左:H.9.2cm　右:H.17.3cm

盤口の双耳壺に鶏の頭と尻尾をつけた器形で西晋時代に盛行します。
青銅器には見られなかった器形です。

越州《えっしゅう》窯《よう》青磁《せいじ》大羊《おおひつじ》 ― 呉

この羊は三国・呉の古越磁を代表する作品で、古くから日本にあり、展覧会や図録にもたびたび登場したものです。２００８年５月発行の「國華」（第１３５１号）にも長谷部樂爾先生が大きくとりあげ解説をされています。その大きさは群を抜き、上海博物館所蔵の一級文物の大羊とよく対比されます。前後の両足を折り曲げて座り、胴部には羽が陰刻で施され、頭部に丸い穴があいています。この時代は神仙思想が盛んで、この羊も瑞獣もしくは霊獣として作られたと思われます。

L.34.9cm

越《えっ》州《しゅう》窯《よう》青《せい》磁《じ》犬《けん》圏《けん》 | 西晋　D.10.4cm

前足を組んだ実に可愛らしい犬。首には首輪があり、いかにも愛玩されたペットのようです。

越《えっ》州《しゅう》窯《よう》青《せい》磁《じ》獅《し》子《し》 | 西晋　W.15.0cm·W.10.7cm

父子鷹ならぬ父子獅子。獅子という表現のほかに想像上の魔除けの動物・辟邪とよばれることもあります。各々の胴に翼が彫りつけられているのも一種の神性をもつことを示しています。

越州《えっしゅう》窯《よう》青《せい》磁《じ》神亭《しんてい》壺《こ》｜西晋　H.42.4cm　東京国立博物館蔵　Image:TNM Image Archives Source:http://TnmArchives.jp/

甕の上に何層もの楼閣がのり、人物や動物、鳥がたくさんいる不思議な形で、神仙の楼閣という意味で神亭壺と名づけられました。魂のすみかとして魂瓶（こんへい）ともよばれます。群がる鳥は、五穀豊穣への祈りをあらわし、神仙世界や死後の世界観などさまざまなものがこの壺の中にこめられているのです。

洛陽から南京へ、黒釉陶磁も焼成

東晋〈とうしん〉・古越磁の多様化

黒釉天鶏壺《こくゆうてんけいこ》 | 東晋　H.35.2cm

質の高い黒釉陶磁を焼いた浙江省徳清窯の作と思われます。器形も大きく堂々とした風格が感じられます。把手の先端は龍首で盤口を咬んでいます。

統一王朝西晋は、北方の匈奴《きょうど》に攻められ316年に亡びます。西晋《せいしん》の貴族たちが都・洛陽から南京へ移住して東晋《とうしん》時代（317〜420）になります。この頃、古越磁の青磁を焼く窯で黒釉陶磁も焼成されるようになります。古越磁の青磁も鉄斑を飛ばして装飾することが盛んになります。

天鶏壺は鶏形の注口をもった水注状のものですが、実際には注口の穴が胴部に通じていません。実用器ではなく明器であったと考えられます。東晋から南朝にかけ少しずつ形を変えて大いに流行しました。南朝（420〜589）は、中国南部で4つの短命な王朝が興亡を繰り返す時代です。窯が拡散し作風が多様化します。

また、6世紀には中国北部でも青磁の生産が始まり、続く隋時代（581〜618）に受け継がれていきます。

越州《えっしゅう》窯《よう》青磁《せいじ》蓮弁《れんべん》文《もん》碗《わん》｜南朝　D.9.3cm

この時代は、仏教の影響からか蓮弁文が流行します。蓮はまた、古代から豊かさと子孫繁栄を象徴する吉祥文でした。

越州《えっしゅう》窯《よう》青磁《せいじ》鉄斑《てっぱん》文《もん》天鶏《てんけい》壺《こ》｜東晋　H.15.5cm

何故注口に鶏の頭をつけたのか、よくわかっていないのですが、鶏が夜明けを告げるので吉祥のシンボルとして用いられたのかもしれません。

青磁《せいじ》丸壺《まるつぼ》｜隋　D.21.4cm

灰白色の素地に、暗褐色をおびた釉が腰までかけられています。球形に近い丸い胴に圏線がきいています。高台は平らに切られています。

北斉《ほくせい》の鉛釉陶器《えんゆうとうき》

白磁と三彩の萌芽期のやきもの

白い素地に透明釉をかけ高火度で焼いたやきものを白磁とよびます。白磁の誕生は6世紀後半の北斉時代（550～577）といわれますが、それらを実見していくと実は低火度の鉛釉陶器が多く、厳密には白釉陶器というべきものが多いのです。

素地の不純物や鉄分を取り除き、純白に近いものにするということが、白釉陶器でも白磁でも最も重要なプロセスであることはいうまでもありませんが、北斉時代はそれをめざした時代、白磁の萌芽期とでもいえましょうか。また、低火度の白釉陶器に緑釉や黄釉をたらしこんだ三彩も誕生し、それが唐三彩へ発展すると考えられます。わずか27年と短い間ですが、中国陶磁史の中でも大いに注目される時代です。

白釉突起文碗《はくゆうとっきもんわん》｜北斉　D.11.9cm　常盤山文庫蔵

小さな突起で団花文風の文様をあらわした珍しい碗で、素地も釉も精選されています。

三彩壺《さんさいつぼ》｜北斉　H.17.0~20.0cm　常盤山文庫蔵

唐三彩の元祖ともいうべき北斉三彩です。プリミティブなところもありますが、
無駄がなく、品格の高さがうかがえます。

蓮弁壺《れんべんこ》（白釉·三彩·褐彩）｜北斉　H.12.3cm~25.3cm

大小ずらりと並んだ北斉の壺ですが、共通するところは白釉がかかり、蓮弁の意匠が施されている点です。それぞれの壺は、形もふっくらと豊かですが、独特の耳を持ち、胴の下半分が茶釜のような形になっているのも特徴です。

白釉《はくゆう》有蓋《ゆうがい》盤口《ばんこう》壺《こ》｜北斉　H.15.0cm

やや緑がかった白釉がかかっています。右の緑釉の作品と比較すると共通点と相違点がいろいろあり、興味深いです。

緑《りょく》 釉《ゆう》有蓋《ゆうがい》盤口《ばんこう》壺《こ》｜北斉　H.16.7cm

盤口壺とは口縁が盤のようになっている壺をいいます。唾壺とも称されますが、用途としては疑問があります。この作品の蓋のつまみは植物の芽のように見えます。

黄《おう》釉《ゆう》壺《つぼ》｜北斉　H.19.5cm

褐釉に近い濃いめの黄釉がかかり、形は頸から口縁にかけて開いています。やさしい曲線と釉調のバランスが絶妙です。

淡《たん》 緑《りょく》 釉《ゆう》壺《つぼ》｜北斉　H.18.1cm

釉も形もゆったりとしておおらかな壺ですが、品の良さを感じます。左の壺同様、なめらかな精選された胎土を使っています。

鉛釉碗《えんゆうわん》｜北斉　D.10.1～11.9cm

左側は薄緑の釉、真中はやや褐釉っぽい白釉、右側はより白い釉と三器三様ですが、胎土のキメの細やかさ、なめらかさと器形のゆったりとした優雅な形は3つの碗に共通です。

白釉双龍文扁壺《はくゆうそうりゅうもんへんこ》｜北斉　H.20.1cm　出光美術館蔵

やや黄味を帯びた白釉が厚くかかっています。型押しによる文様は、2頭の龍が向かいあっています。扁壺は水筒のようなもので持ち運ぶために両肩に紐を通す孔があります。

唐三彩《とうさんさい》

豪華絢爛な唐文化を伝える中国陶磁の華

中国陶磁の長い歴史の中でも、最もゴージャスな美しさを賞されるものに唐三彩があります。世界中の美術館や博物館に所蔵されていて、中国陶磁の中で最もよく知られているといえるかもしれません。しかし、その存在が知られるようになったのは、今からわずか１００年ほど前なのです。

20世紀の初め頃、河南《かなん》省洛陽《らくよう》付近で鉄道工事がおこなわれた時、多くの唐墓が壊されて、莫大な量の唐三彩が発見されました。そして一挙に世界中の学者やコレクターの注目を集め、欧米や日本に運ばれていったのです。ほとんどの唐三彩は副葬品で、実用品ではなかったため、１２００年の間、ほとんど知られていなかったのです。

唐は中央集権制の貴族国家で６１８年から９０７年まで約３００年続いた大帝国です。その貴族趣味ならではの豪華絢爛な展開を見せたのが唐三彩といえます。

三彩とは文字どおり三色の釉をかけたものという意味で、基本は緑色と褐色そして白色です。しかし二色しか用いない場合もあれば、藍色を加えて四色の釉を用いることもあります。これらも三彩とよんでよく、すなわち素地に直接二種類以上の色釉をかけて焼いた多彩釉陶磁の総称と考えて下さい。

三彩は鉛釉陶器の一種で、この鉛釉に酸化鉄を加えると褐釉ができ、酸化銅を加えると緑釉ができます。色釉をかけわけたあとで透明釉をかけますが、当然胎土は白くなければいけません。胎土が白ければ白いほど色釉は鮮やかな対比を見せ、美しく見えるからです。

唐三彩も８世紀中葉におきた安史《あんし》の乱（７５５～７６３）を契機に衰退していきます。唐王朝の貴族体制自体が崩れていくからです。

しかし、三彩の技術はその後も遼《りょう》三彩や宋《そう》三彩、そして明《みん》時代（１３６８～１６４４）の法花《ほうか》や素《そ》三彩と時代や意匠を変えながら引き継がれていきます。

唐の都、長安や洛陽はいろいろな国の文物や人種が集まり、国際色あふれる大都会だったようですが、発色の鮮やかな唐三彩はその雰囲気を現代に直接伝える華麗なやきものといえます。

三彩鳳首瓶《さんさいほうしゅへい》｜唐　H.28.9cm

鳳首瓶とは鳳凰の首を持つ水注のことで、その形はペルシャの銀器を写したといわれ、胡瓶（こへい）ともよばれます。シルクロードを通って西方から伝わったエキゾチックな意匠は、唐の王侯貴族たちに大へん好まれました。

三彩《さんさい》宝相《ほうそう》華《げ》文盤《もんばん》 | 唐　左:D.14.8cm　右:D.13.7cm

宝相華とは、唐草文の中でも特に華やかな花形の文様のことです。空想上の華ですが、唐時代はもとより、わが国の天平時代の美術品にもよく登場します。

藍緑彩《らんりょくさい》双《そう》耳《じ》壺《こ》 | 唐　H.17.5cm

胴部は丸く張り、底部は小さい平底です。瓢箪形の双耳が特徴的です。何より藍と緑と白の釉のかかり具合が美しく清々しい印象を受けます。どことなくモネの水蓮を連想します。

藍三彩万年壺《らんさんさいまんねんこ》｜唐　H.19.8cm

まんまるく豊かに張った胴に、立ち上がりの低い口縁がゆるやかに外反りしている器形で、いわゆる万年壺です。三彩に藍釉も加えられ、ゴージャス感を増しています。胎土はやや赤みを帯び、白化粧が施されています。

三彩杯《さんさいはい》 | 唐　D.8.0cm

三彩釉の流れが美しい杯です。器形もすっきりしていてシンプルですが気品があります。

藍三彩鍑《らんさんさいふく》 | 唐　D.8.7cm

丸い壺に獣足が3本ついた器形を鍑とよびます。小品ながら、形も良く藍釉の発色も鮮やかな優品です。

三彩鴛鴦文腕枕《さんさいえんおうもんわんちん》 | 唐　W.12.1cm

これら小振りの枕は、腕枕といってこの上に腕をおき脈を取ったといわれています。中央に鴛鴦が向かい合っていて、これは夫婦の仲睦まじさをあらわす吉祥文です。

褐釉《かつゆう》練上《ねりあげ》手《で》腕枕《わんちん》 | 唐　W.14.0cm

2種の土を何度も折り重ねて複雑な縞文様を作り、褐釉を掛けて焼成しています。中国では絞胎（こうたい）、西洋ではマーブルド・ウェアとよばれています。

藍三彩宝相華文三足盤《らんさんさいほうそうげもんさんぞくばん》｜唐　D.29.2cm　山口県立萩美術館·浦上記念館蔵

内面は蓮花と宝相華文を明るく華麗に配し、周縁は深みのある藍釉で引きしめています。その対比が見事な唐三彩盤の名品です。

遼三彩と宋三彩

〈りょうさんさいとそうさんさい〉

三彩とは三色の釉をかけたものの意味で、原則的に緑色と褐色と白色をいいます。それらの色が映えるためには素地が白くなければなりません。純白でない素地には白化粧（化粧土を塗ること）がなされます。遼三彩と宋三彩もそのタイプです。この両者は、大へん似ていて判別しにくいといわれますが、よく見ると違いがわかります。遼三彩は11世紀後半、内モンゴル自治区赤峰市乾瓦窯《かんがよう》を中心につくられ、宋三彩は華北の磁州窯系の窯で12世紀から14世紀にかけて生産されました。

ここに掲げた皿類では遼三彩の文様はスタンプによる型押しが多く、宋三彩（金時代）の文様は刻花《こっか》といって線彫りのものが特徴的です。

三彩印《さんさいいん》花《か》文《もん》 長盤《ちょうばん》 ｜ 遼　W.29.6cm

型押しにより団花文を刻し、白土で化粧をした後、緑釉や褐釉をかけます。口縁を稜花にした八曲長盤ですが、通常ペン皿とよんでいます。

三彩印《さんさいいん》花《か》文盤《もんばん》｜遼　D.17.2cm

焼き上がりの発色がきれいなだけでなく、潤いがあり、見ていて心が和みます。

三彩印《さんさいいん》花《か》文角盤《もんかくばん》｜遼　W.13.2cm

印花の牡丹文もはっきりとあらわされ、四角の器形の厳しさとマッチしています。

宋三彩《そうさんさい》兎《うさぎ》文《もん》小《しょう》盤《ばん》｜金　D.11.3cm

兎が振り向いている珍しい文様です。右の雲鶴文ものびのびと文様があらわされ、2点とも線彫りにスピード感があります。

宋三彩雲鶴文《そうさんさいうんかくもん》小盤《しょうばん》｜金　D.12.9cm

胎土に白化粧をして、低火度鉛釉の三彩をかけ分けています。金から元にかけて磁州窯で作られましたが、一般に宋三彩とよばれています。

明時代に受け継がれた三彩の新技法

法花

〈ほうか〉

明時代（1368～1644）の三彩に法花があります。法花とは輪郭のある文様という意味で、堆線で文様を描いて境界を作り、それぞれの境界内に色釉（鉛釉）をかけたものです。鉛釉は流れやすく、そのまま文様を描くと滲み合って、文様が不鮮明になってしまうからです。これは有線七宝の技法に通じるものです。

明の中期、15～16世紀に景徳鎮《けいとくちん》民窯で盛んに作られました。

法花蓮華文洗《ほうかれんげもんせん》 ｜ 明　D.17.8cm
山口県立萩美術館・浦上記念館蔵

バックグランドの翡翠釉の発色が美しい作品です。この器形を洗といいます。

法花蓮華文壺《ほうかれんげもんつぼ》 ｜ 明　H.16.2cm　山口県立萩美術館・浦上記念館蔵

大胆なしぼりだしの堆線によって、大きな蓮花を描き、その文様の中に色釉を入れています。

法《ほう》花《か》花《か》鳥《ちょう》文《もん》大《たい》壺《こ》｜明　H.44.5cm　重要文化財　大阪市立東洋陶磁美術館蔵

明時代法花の最高傑作といわれる壺です。花鳥文がいきいきと自由で力強くあらわされています。

遼《りょう》の陶《とう》磁《じ》

遊牧民族による征服王朝が生んだ独自の作風

草原の遊牧民族、契丹《きったん》人の王国である遼（907～1125）は中国の東北部を200年余り支配しました。少数異民族によるいわゆる征服王朝ですが、中国のすぐれた文化を旺盛に摂取します。陶磁器についてもそれがいえ、中国の陶工を拉致して領内各地に窯を築きました。日本で鶏冠壺とよばれる皮袋形の水注―皮嚢壺《ひのうこ》―や、長頸瓶《ちょうけいへい》に鳥の首の形象をあらわした鳳首瓶《ほうしゅへい》など、遼独特の器形です。何よりその鮮やかな色彩と大胆なデザインは草原の風や匂いが感じられそうです。

緑釉鳳首瓶《りょくゆうほうしゅへい》｜遼　H.46.0cm

鮮やかな緑釉がかかった堂々とした器形の大瓶です。頸部の鳳首も力強く威厳すら感じられます。

白磁《はくじ》漏斗《じょうご》口《ぐち》水注《すいちゅう》｜遼　H.29.7cm

馬乳酒でも入れたのでしょうか。漏斗状の口縁に持ちやすくした頸部、いかにも豪快です。

白褐釉《はくかつゆう》刻花《こっか》牡丹文《ぼたんもん》皮嚢壺《ひのうこ》｜遼　H.29.3cm

ツートンカラーの釉の下に、見事な牡丹が一輪、陰刻されています。

緑釉《りょくゆう》刻花文《こっかもん》有蓋《ゆうがい》皮嚢壺《ひのうこ》｜遼　H.32.0cm

上部に蓋付の注口があり、そのそばに二匹の猿が腰をおろしている珍しい作品です。胴部には陰刻でパルメット文が描かれています。

褐釉《かつゆう》皮嚢壺《ひのうこ》｜遼　H.33.1cm

褐釉がかかった典型的な皮袋形の水注です。この皮嚢壺は形状がすんなりと上に延びていて気持ちがよい作品です。胎土に白化粧を施してから褐釉をかけているので、発色が鮮やかです。

白磁《はくじ》

青磁に代わって流行した新しいファッション

隋〜唐時代

胎土や釉薬の不純物を取り除き、白い胎土《たいど》（白化粧の場合もあるが）に透明な釉薬がかけられたものを白磁といいます。

その白磁の起源は、北斉《ほくせい》時代（550〜577）ということがわかってきました。ただ本格的な白磁の誕生は隋《ずい》時代（581〜618）で、幼くして亡くなった隋の皇女・李静訓墓から白磁の扁壺や龍耳瓶の優品が出土しています。そして続く唐《とう》時代（618〜907）で白磁は大輪の花を咲かせます。それまで主流だった青磁に代わって何故そんなに白磁が流行したかといえば、当時の王侯、貴族たちの美意識の変化があげられます。シルクロードを通じてもたらされた西方のガラスや銀器に触発されて、白磁という新しいファッションが世の中を席巻しました。唐時代の人々も結構新しいもの好きだったようです。

技術的にいえば、青磁の胎土や釉薬から不純物を取り除くことによって白磁は完成します。唐時代の初期には、まだ青磁の名残をとどめた白磁もあります。「南青北白」という言葉がありますが、それは青磁は南で、白磁は北で生産されるという意味です。たしかに唐時代までの白磁窯は河北《かほく》省にある邢窯《けいよう》を中心に華北に集中しています。唐時代中頃に陸羽が著わした『茶経』には、邢窯の白磁は「雪の如し」「銀の如し」と謳われています。

白磁 小扁壺《はくじ しょうへんこ》 | 隋 H.8.6cm

隋の皇女・李静訓墓から出土した小扁壺と大きさもデザインもほとんど同じ作品です。

白磁《はくじ》龍《りゅう》 透《すかし》薫炉《くんろ》｜隋　H.18.9cm

白い胎土に透明釉がかけられた本格的白磁です。ただ釉薬が少し緑色を帯びたところがあり、いかにも草創期の白磁といった感があります。白磁は青磁がその母体であり、青磁釉と素地に含まれる鉄分を取りのぞいていく過程で、青磁とも白磁ともいえる中間的な作例が見られます。清麗でありながら堂々とした優品です。

白磁杯《はくじはい》 一対 | 唐　左:H.7.1cm　右:H.7.3cm

銀器を写した形といわれています。左と右の作品を比べると微妙に器形が違いますが、釉も形も端正で清楚な印象は2点に共通します。

白磁水注《はくじすいちゅう》 | 唐　H.14.9cm

白磁のコレクションで有名なスウェーデンのケンペ·コレクションにあった水注で、ロンドンのオークションで落札しました。

白磁長頸瓶《はくじちょうけいへい》 | 唐　H.16.7cm

卵形の胴に細長い頸がついた銅製の瓶を模した形です。流麗な姿が白磁ととてもよくマッチしています。

白磁《はくじ》有蓋《ゆうがい》万年壺《まんねんこ》｜唐　H.21.7cm

胴が丸々と豊かに張ったこの壺は、万年壺とよばれます。その名は壺中に穀物を納め、死者の永遠の食料にするためといわれています。底裏は平底で、宝珠形のつまみをもつ蓋がついています。唐白磁の壺を代表する形です。

白磁《はくじ》龍《りゅう》耳瓶《じへい》｜唐　H.40.1cm

盤口形の口に龍首形の把手が左右から2つついた器形で龍耳瓶と称されます。いわゆるアンフォラ形で、ギリシアや西アジアにその源流が見られます。形の良い優品です。

白磁碗《はくじわん》｜唐　D.14.5cm

唐時代後期、口縁が玉縁状で高台が玉壁形（ぎょくへきがた：蛇の目高台）の碗が多く作られました。この時期の輸出陶磁として最もポピュラーでした。

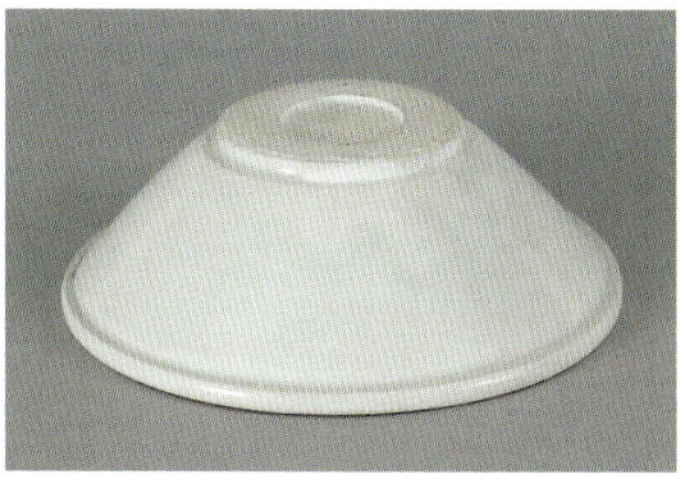

白磁碗《はくじわん》（同高台）｜唐

白磁把手盃《はくじはしゅはい》｜唐　W.8.1cm

お酒を飲む盃というより、メイプルシロップでも入れたくなる形です。

白磁丸壺《はくじまるつぼ》｜唐　D.11.5cm

ほとんど球形といえる丸壺で、小品ながら唐の豊かさが凝縮されています。

白磁水注《はくじすいちゅう》｜唐　H.21.5cm

たて長の胴に短い注口がつき、いかにも実用的な水注です。晩唐から五代にかけ、貿易陶磁として世界各地へ運ばれました。

白磁獅子手水注《はくじししですいちゅう》｜唐　H.13.6cm

口縁が開き、短い注口がつく水注です。把手が獅子の形をしていて口縁から中をのぞきこんでいます。

五代・遼の白磁

〈ごだい・りょうのはくじ〉

唐に続く五代（907〜960）の白磁は晩唐の風を受けつぎ、釉がなめらかで、使いやすい日常的な器が作られました。それらは中国国内の需要のみでなく、海外へも盛んに輸出され、日本へももたらされました。そして徐々に邢窯《けいよう》の白磁は衰退し、定窯《ていよう》白磁が頭角をあらわしてきます。定窯は「宋代の五大名窯」のひとつとして名高く、宋時代の300年間白磁をリードします。一方、遊牧民の契丹《きったん》族の遼の陶磁は、一見鮮やかな緑や黄色、あるいは三彩を思い浮べますが、実は白磁の生産が一番多かったと報告されています。それは五代や北宋（960〜1127）の影響と考えられます。中には定窯白磁に比肩できる逸品もあります。

白磁輪花盤《はくじりんかばん》｜五代　D.16.6cm

五代定窯の作で口縁を輪花にしています。全体に薄手で形がシャープになりますが、初々しい気品が漂います。

白磁四稜花盤《はくじしりょうかばん》｜五代　D.16.3cm

これも五代定窯の作品で、口縁を稜花にしています。上の輪花盤が華のある女性なら、この稜花盤は男性的イメージで力強くキリリとしています。

白磁皮嚢壺《はくじひのうこ》｜遼　H.23.4cm

よくある遼の白磁とは一線を画す格調高い皮嚢壺です。胎土も白くキメ細かく白化粧は施されていません。定窯で作られた可能性もあります。孔に鉄の輪がはめられ、かなり錆びています。

一千年前の鸚鵡杯

杜甫《とほ》とともに中国を代表する詩人、李白《りはく》の「襄陽歌《じょうようか》」に「鸕鷀《ろじ》杓　鸚鵡盃　百年三萬六千日　一日須傾三百盃」という一節がある。「鵜《う》の頸《くび》のような長柄の杓《ひしゃく》よ、鸚鵡貝で作った美しい杯よ。百年生きたとて、しょせんは三万六千日、一日には三百杯飲みほすことが必要だ。」（松浦友久編訳　岩波文庫『李白詩選』）

詩仙とよばれた李白だが、友人の杜甫が「李白は一斗　詩百篇」と歌っているように、自ら酒仙と称するほどの大酒飲みであったという。一日三百杯とは、漢の故事を踏まえてのこととはいえ、豪快である。

さて、ここで注目してほしいのは「鸚鵡盃」である。オウム貝で作った杯と訳され、そう解釈されてきたのだが、果して本当にそうなのだろうか。というのは、鸚鵡そのものの形をした不思議な白磁の杯が最近私の手に入ったからである。この「白磁鸚鵡形杯」は、中国五代（十世紀）の作で、東京国立博物館の特別展「中国の陶磁」や大阪市立東洋陶磁美術

白磁鸚鵡形杯《はくじおうむがたはい》｜五代　W.15.2cm

館の「宋磁」展（朝日新聞社ほか主催）にも出品された有名なもので、他に類例がまったくないというユニークな作品でもある。

旧知の陶芸家と美術館学芸員と三人で、この杯を手にとってじっくり見ているうちに、誰からともなく、李白の詩に出てくる鸚鵡杯は、オウム貝のカラではなく、こういうものだったのではないかという話になっていった。この杯は、白い鸚鵡が両羽をかかえこむような優美な姿をしているが、その目、嘴《くちばし》、足爪などは極めてシャープで力強い。やや大ぶりながら掌にはすっぽりおさまり、底は曲面で高台がなく、注がれた酒をすっかり飲み干さなければ置くことができない。なにか鸚鵡が杯に満たされた酒に浴しているようにも見える。唐の玄宗《げんそう》皇帝と楊貴妃《ようきひ》は、「雪衣娘」と名付けた白鸚鵡を愛玩したというが、それをモデルに作ったといわれても頷けそうな気品がある。

白磁は唐時代（６１８〜９０７）に完成し、大流行したやきものである。当時の詩人は白磁を銀や雪にたとえて賞賛している。三年足らずとはいえ、玄宗皇帝の側に仕えたことのある李白は、白い鸚鵡やその意匠をほどこした器を見ていたのではないだろうか。

このように千年前にできた魅力的な鸚鵡杯を見ながら、いろいろ思いを巡らすのは楽しいものだ。鸚鵡が口をきけたら、どんな所で生まれてどんな人の手を渡ってきたかを話してくれるかもしれない。陶磁器に限らず優れた古美術品は、時と空間を超えて何か大切なものを伝えてくれる気がする。

しかし、せっかく手に入れた名品も私たち美術商は手離さなければならない。長く保存するのは美術館やコレクターなのである。ただそれを扱ったという誇りというか喜びはしっかり残る。

くだんの白磁鸚鵡形杯は、新橋の東京美術倶楽部で催された「東美特別展」（二〇〇四年十月）に出品した。カタログに掲載されてすぐ、アメリカの美術館やスイスの有名コレクター、ロンドンや台北の美術商から引き合いが殺到したが、いち早くリザーブされた日本の蒐集家のコレクションに収まることになった。鸚鵡も安住の地を得て一安心していることだろう。

〔「文藝春秋」（二〇〇五年二月特別号）より一部抜粋〕

定窯〈ていよう〉

定窯は宋時代（960~1279）を代表する窯で、象牙のように美しい白磁を焼成しました。窯跡は河北省曲陽県澗磁村《かんじそん》で、わが国の小山冨士夫が1941年に発見しました。

厳しく端正な姿をした鉢や碗、皿が多く、素文も素晴らしいですが、釉下にのびやかな蓮唐草文などを彫りつけた作品も魅力的です。形がくずれるのを恐れて伏せて焼くため口縁の釉薬が剥いであるのが特徴です。また、釉薬の流れた痕が涙のように見えるので「定窯に涙痕あり」という味わいのある表現を使います。

定窯白磁素文鉢《ていようはくじすもんはち》 | 北宋　D.15.8cm

口縁部の釉を剥（は）いだ口剥げの技法で作られています。口縁以外はすべて施釉され、釉は牙白色です。

定窯白磁劃花蓮花文輪花鉢《ていようはくじかっかれんかもんりんかはち》 | 北宋　D.21.5cm

口縁は無釉で、6ヶ所に切り込みを入れて六輪花形としています。内面には、蓮の花が劃花（片切り彫り）技法で大きく流麗に描かれています。劃花文が施された鉢としてはかなり大振りの優品です。

定窯《ていよう》白磁《はくじ》蓮弁文《れんべんもん》有蓋碗《ゆうがいわん》 一対｜北宋　左:H.8.7cm　右:H.8.8cm

外面に蓮弁文を彫り出した碗です。蓋の表面は陰刻で蓮弁が施され、形も実に端正です。

定窯《ていよう》白磁《はくじ》輪花鉢《りんかはち》｜北宋　D.19.3cm

深い輪花の切り込みのある厳しい器形に象牙色の釉薬。シンプルですが、品格の高さは群を抜いています。

青白磁
〈せいはくじ〉

青白磁とは江西省の景徳鎮《けいとくちん》窯で北宋時代に作られはじめたやや青味を帯びた清涼感のある白磁です。よく青磁ですか、白磁ですか、と聞かれますが、青白磁は白磁の一種です。ただ透明釉が青みをおびていて、とくにくぼみになって釉がたまりやすいところは、ブルーイッシュに見えます。古来、中国の人々はこの青く澄んだ色合いのやきものを「影青《いんちん》」とよびならわして愛玩してきました。青白磁は釉も美しいのですが、器に刻された文様も青白色の釉下にくっきり映えます。北の定窯と対比される宋時代の白磁の代表的なものです。ちなみに、定窯は半球形の饅頭窯《まんとうよう》で燃料に石炭を用い、景徳鎮窯の青白磁は龍窯《りゅうよう》とよばれる登り窯で薪を使って焼成されました。

30年以上前は大へん高価でしたが、数多く作品が市場に出回り、御多分に洩れず全般に安くなりました。しかしここ数年来、良いものはめっきり減ってきて、価格も戻りつつあります。

青白磁輪花盞《せいはくじりんかさん》｜北宋　D.12.4cm

酒や茶を飲むための碗で、鋭角的に開いた形の器を盞といいます。盞托とよばれる台を伴うこともあります。凛とした緊張感が漂います。

青白《せいはく》磁《じ》獅《し》子《し》鈕《つまみ》水注《すいちゅう》・承盤《しょうばん》 | 北宋　H.27.2cm

釉の美しさも重要ですが、何より形が大切です。この水注には端正さと豊かさ、そして気品が備わっています。９００年前の高貴な人々が美酒を入れて楽しんだものと思われます。

青白磁《せいはくじ》刻花《こっか》文盞《もんさん》 | 北宋　D.14.1cm

端正な器形に繊細な花文が彫られ、見事に調和しています。

青白磁《せいはくじ》刻花《こっか》唐子《からこ》文鉢《もんはち》 | 北宋　D.20.4cm

内面に相対する位置に唐子を配し、その間を唐草文で埋めています。唐子と唐草の彫り文様は、この時期の青白磁によく見られる意匠です。

青白磁《せいはくじ》蓮弁香炉《れんべんこうろ》｜宋　H.9.0cm

中央に蓮弁が肉厚に陽刻であらわされています。口作りをはじめ全体にはスッキリした器形で釉はやや青みがちです。

青白磁《せいはくじ》盃《はい》・盃台《はいだい》｜北宋　H.12.0cm

酒を飲むための盃と盃台です。上品な作行きで、これで一体どんな酒を飲んだのでしょうか。白酒？老酒？

青白磁《せいはくじ》瓜形《うりがた》水注《すいちゅう》｜北宋　H.16.8cm

瓜形の胴部と、すらりと伸びた注口や把手が対照的で姿の美しい水注です。シャープさと品格と機能性を十分にそなえた作品です。

青白磁《せいはくじ》唐子《からこ》唐草文《からくさもん》有蓋《ゆうがい》水注《すいちゅう》｜北宋　H.16.7cm

胴部に唐草文と、その間に遊ぶ唐子の姿が彫られている珍しい水注です。蓋と把手にはそれぞれ紐通しがあり、鎖などでつないで使用したと思われます。

宋白磁

〈そうはくじ〉 珠玉の小品群

定窯白磁や景徳鎮《けいとくちん》の青白磁ではありませんが、いかにも宋磁の気品と愛らしさをそなえた小品群です。白磁と一口にいっても暖色、寒色といろいろあります。

白磁《はくじ》 小瓶《しょうへい》 一対 | 宋　左:H.14.3cm　右:H.14.4cm

エレガントな形をした一対の小瓶です。香水でも入れたのでしょうか。頸部の圏線が効いています。磁州窯系の作品と思われます。

白磁《はくじ》瓜形壺《うりがたつぼ》 | 宋　D.14.8cm

今にもはち切れそうに張った瓜形の壺で見ていると元気になります。白化粧の上に透明釉がかけられていますが、とても良い焼き上がりです。

白磁輪花盃《はくじりんかはい》｜宋　D.8.8cm

とても形の良い輪花の盃です。口当たりも良く、吟醸酒など飲むといいかもしれません。

白磁有蓋瓜形小壺《はくじゆうがいうりがたしょうこ》｜宋　D.6.1cm

瓜形の小壺が、三角のシャポーをかぶったように見えます。とてもお洒落で、可愛らしい作品です。

白磁菊花形小盤《はくじきくかがたしょうばん》｜宋　D.10.8cm

白い素地に、やや暖かみのある釉がかかり、定窯に限りなく近い作品です。

白磁五瓜碗《はくじごかわん》｜北宋　D.12.1cm

厳しく五瓜に仕切られた器形の碗です。五瓜は六瓜より早い時期に作られました。

白磁印花文角盤《はくじいんかもんかくばん》｜北宋　W.11.1cm

これらの形は金属器からきたと思われます。右の角盤とよく似ていますが、形、文様とも微妙に違います。

白磁印花文角盤《はくじいんかもんかくばん》｜北宋　W.11.5cm

四角形の盤ですが、縁にも切り込みがあります。型押しの文様も緻密です。

元・明の白磁

〈げん・みんのはくじ〉

元時代（1279〜1368）になると白磁の生産は景徳鎮《けいとくちん》が独占するようになります。宋時代（960〜1279）の青白磁からより白い白磁となり、枢府《すうふ》白磁ともよばれます。

元に続く明時代（1368〜1644）初期、景徳鎮に宮中の御用品を焼成する「御器廠《ぎょきしょう》」、すなわち官窯が設けられます。永楽官窯の白磁は「甜白《てんぱく》」とよばれ、明の白磁の中でも最も名高いものです。

玉のようなしっとりとしたつややかな質感が優美で格調も高いものです。無文のものが多いのですが、素地に細い線彫りで文様をあらわしたものがあり、それを暗花《あんか》とよびます。しかし、その文様はひっそりと控えめで、あくまで究極の白磁を目指しています。

この後、白磁は青花や五彩の素地、いわば絵画のキャンバスとして、文様の背景となっていくことが多くなり、主役の座からおりることになります。

白磁印花文鉢《はくじいんかもんはち》｜元　D.19.5cm

東京国立博物館蔵　Image:TNM Image Archives Source:http://TnmArchives.jp/

枢府手とよばれる失透性の白釉のかかった白磁で、内面には型押しによる蓮花文の間に「枢府」の文字があらわされています。枢府は枢密院とよばれる役所のことで、そこの命を受けて作った白磁と考えられます。

白磁《はくじ》暗花《あんか》八宝文《はっぽうもん》有蓋《ゆうがい》僧帽壺《そうぼうこ》｜明・永楽（在銘）　H.19.5cm　出光美術館蔵

ラマ教の僧侶がかぶる帽子に似ているところから、僧帽壺とよばれます。

胴部には蓮唐草文と「永楽年製」の篆書体の銘が暗花文で線刻されています。この銘を持つものは大へん少なく、白磁僧帽壺で永楽在銘のものはこの作品を含めて世界で3点しか確認されていません。肌は純白で、甜白白磁の典型作です。

青磁《せいじ》

『茶経』で最上位とされたやきもの

唐〜宋時代

越州窯

〈えっしゅうよう〉

後漢時代（25〜220）以来、中国の青磁生産の中心であり続けた越州窯ですが、隋（581〜618）から唐時代（618〜907）前半にかけては精彩を欠き低迷します。白磁の出現と流行に押され、その影が薄くなったようです。しかし8世紀中頃以降、越州窯は再び元気を取り戻します。陸羽の『茶経』では、茶碗の評価で最上位にランクづけされます。晩唐には「秘色」とよばれる最高級の青磁が焼かれます。一方、日常生活器としての量産も進み、中国国内のみならず、海外にも貿易品として輸出されます。日本にももたらされ、『源氏物語』にも「秘色」に由来する「ひそく」の名が青磁の美称として登場します。

五代（907〜960）、北宋（960〜1127）にかけて青緑色の透明感のある釉と多様な文様のある優れた青磁を作り続けますが、宋時代（960〜1279）に他の窯に多大な影響を与えた後、その役割を終えます。

越《えっ》州《しゅう》窯《よう》青《せい》磁《じ》鴛鴦《おしどり》形《がた》盒《ごう》 | 五代　L.10.0cm

愛らしい鴛鴦形をした盒で、作りも大へん精巧です。全体に羽毛なども細やかに陰刻され、青磁の発色もこの時代の越州窯ならではのものです。

越《えっ》州《しゅう》窯《よう》青《せい》磁《じ》陰刻《いんこく》瓜《うり》形《がた》壺《つぼ》 | 五代〜北宋　D.10.8cm

丸く張った瓜形の胴体に外に開いた高台（ばち高台）がつき、バランスの良い形です。繊細な陰刻も見所です。

越州《えっしゅう》窯《よう》青磁《せいじ》陰刻《いんこく》花《か》文《もん》双耳《そうじ》瓶《へい》｜北宋　H.29.2cm

すらりとした姿のよい盤口瓶で、青磁釉はよくとけて美しく、胴部に施された陰刻も流麗です。この瓶は、ずっと越州窯産と考えられてきましたが、最近では北宋の龍泉窯産という説も有力になってきました。

越州窯《えっしゅうよう》青磁《せいじ》陰刻《いんこく》水注《すいちゅう》 | 北宋　H.26.7cm

端正でのびのびとした美しい器形の水注です。八面に面取りされた胴部に繊細な陰刻が施されています。

耀《よう》州《しゅう》窯《よう》青《せい》磁《じ》刻《こっ》花《か》牡《ぼ》丹《たん》文《もん》水《すい》注《ちゅう》｜五代～北宋　H.19.2cm

丸い胴に力強い牡丹文が浮彫り風に深く彫られています。淡く澄んだ緑色の釉で精巧な作風のいわゆる東窯（とうよう）の典型作といえます。

オリーブグリーンの深い色調

耀州窯

〈ようしゅうよう〉

耀州窯は地理的に都・長安からも近く、唐時代（618~907）には唐三彩も焼成していましたが、五代（907~960）になると越州窯の影響もあって青磁の生産技術が画期的に発展しました。北宋時代（960~1127）になるとオリーブグリーンの深い釉調に、片切り彫りによる刻花文様や型押しの印花文が施された精緻な青磁が生産されました。かつて欧米では「北方青磁」、日本では「汝窯《じょよう》」とよばれた時期もありましたが、耀州窯の窯趾が発見され、現在の呼称が定着しました。河北を代表する青磁窯といえます。片切り彫りによる釉のグラデーションが見所です。

耀《よう》州《しゅう》窯《よう》青磁《せいじ》刻花《こっか》水波《すいは》蓮花《れんか》文碗《もんわん》｜北宋　D.13.6cm

内面に片切り彫りで蓮花を、その周囲に櫛目で水波を流麗にあらわしています。

耀《よう》州《しゅう》窯《よう》青磁《せいじ》蓮弁《れんべん》文碗《もんわん》｜北宋　D.13.3cm

外面に三重の蓮弁を浮彫りであらわしています。蓮弁の中央部に盛り上がり部分（鎬）を設けて立体感を出しています。

耀州《ようしゅう》窯《よう》青磁《せいじ》印花《いんか》牡丹《ぼたん》文《もん》碗《わん》｜北宋　D.15.0cm

内面に一輪の牡丹を大きく見事に印花であらわしています。深みのある青磁釉とよく調和しています。

耀州《ようしゅう》窯《よう》青磁《せいじ》印花《いんか》花文《かもん》輪花《りんか》盤《ばん》｜北宋　D.18.6cm

六輪花の引きしまった器形に精巧な印花が華麗に施された魅力的な盤です。

汝官窯〈じょかんよう〉

北宋宮廷の御用品を焼いた窯として、古くからとくに名高いのが汝官窯です。

器形は端正で品格が高く、青磁の色は淡く水色をした美しい天青色です。鉢や皿の場合、器全体に施釉し、底裏にごく小さな目跡《めあと》が3ないし5個あります。原則として文様装飾はなく、作風には古格が漂います。数はきわめて少なく、全世界で100点もありません。

青磁破片《せいじはへん》｜汝官窯　北宋
D.6.0×5.0cm ～ 5.0×4.6cm

1986年、この種の青磁を焼いた窯址が河南省宝豊県清涼寺で発見されました。

青磁蓮花形深鉢《せいじれんかがたふかばち》｜汝官窯　北宋　D.10.5cm　台北·故宮博物院蔵

汝官窯の代表作の一つでやや失透ぎみの淡い青色の釉がむらなくかけられ、細かい貫入があります。姿の美しさ、格調は絶品といえます。

独特の深味を持つ釉色

南宋官窯
〈なんそうかんよう〉

宋王朝の南遷に伴って開かれたのが南宋官窯で、郊壇下《こうだんか》官窯と修内《しゅうない》司《じ》官窯があります。胎土は鉄分が多く、黒ずんでいます。青磁釉はきわめて厚くかけられていますが、下地の胎土が黒いため、釉色は独特の深みと落着きがあります。貫入《かんにゅう》とよばれる釉層のひび割れが一面に生じています。

青磁《せいじ》葵形《あおいがた》盃《はい》｜南宋官窯　D10.8cm　常盤山文庫蔵

灰黒色の胎土で、きわめて薄く作られていますが、灰青色の釉薬が厚くかかっています。気品ある盃です。

青磁輪花鉢《せいじりんかはち》｜南宋官窯　D26.1cm　重要文化財

東京国立博物館蔵　Image:TNM Image Archives Source:http://TnmArchives.jp/

明るく澄んだ青色の釉薬が厚くかけられ、大きな貫入が縦横に走り、その間に白い氷裂貫入が見えます。南宋官窯青磁の白眉といわれ、繭山順吉氏が横河民輔氏に納めたものです。口縁部には金属製の覆輪（ふくりん）がはめられています。

龍泉窯〈りゅうせんよう〉

青磁の色ってどんな色?と聞かれて、ほとんどの人が思い浮べるのが龍泉窯の砧《きぬた》青磁の色ではないでしょうか。それほど中国の青磁で最も日本人を魅了したのが龍泉窯の青磁です。釉色は淡く澄んだ青緑色で柔和な光沢があり、胎土はわずかに灰色がかった白色です。「砧青磁」の名は、花生の形が布を打つ砧に似ていることにちなむ説などがあります。

砧青磁は南宋（1127〜1279）から元時代（1279〜1368）初期まで盛んに生産されますが、元になると支配階層のモンゴル人の好みにかなった大形の花瓶や酒会壺、大皿などが主流になります。元時代から明時代（1368〜1644）初期の龍泉窯青磁を、日本では「天龍寺青磁」とよんでいます。14世紀に中国へ派遣された貿易船「天龍寺船」にちなんでいます。

青磁三足香炉《せいじさんぞくこうろ》 | 南宋　D.14.6cm

この三足の香炉を袴腰香炉とよびます。この形の香炉は南宋後期の砧青磁の典型作で日本に伝世品が多く知られています。青磁釉も美しく、形も引き締まった優品です。

青《せい》磁《じ》牡《ぼ》丹《たん》唐《から》草《くさ》文《もん》瓶《へい》｜南宋～元　H.25.7cm　山口県立萩美術館·浦上記念館蔵

この作品の名称は、中国では「青磁貼花牡丹文瓶」といい、日本の茶人に言わせると「砧青磁浮牡丹花生」となります。呼び名の比較は中国と日本の文化が反映されていて、とても興味深いものがあります。

青《せい》磁《じ》双《そう》魚《ぎょ》文《もん》盤《ばん》 | 南宋～元　D.13.0cm

見込み（内底面）に型抜き貼付けで双魚文、外側に陽刻で蓮弁文を施しています。

青《せい》磁《じ》牡《ぼ》丹《たん》文《もん》水《すい》注《ちゅう》 | 元～明　H.12.1cm　山口県立萩美術館・浦上記念館蔵

光沢のある透明度の高い釉がかけられ、草緑色に発色しています。胴には牡丹文が彫られ、地の櫛目がそれを際立たせています。

青磁《せいじ》琮形瓶《そうがたへい》｜南宋～元　H.27.2cm　山口県立萩美術館·浦上記念館蔵

古玉器に見られる琮の形を模した形です。日本では、側面の文様から算木手（さんぎで）とよばれています。

華やかさと落ち着きをあわせた 鈞窯〈きんよう〉

鈞窯の、独特の澱青釉《でんせいゆう》は華やかさと落ち着きをもっていて青磁の一種といわれています。青白い月光になぞらえて月白釉とよんだりもします。中には、その上に辰砂釉《しんしゃゆう》を施し紫紅斑の出たものがあり、月白釉と鮮やかな紫紅色との幻妙な融合が妖しい美しさを醸し出しています。

元々、優品は少ないものですが、近年、欧米や中国のコレクターの間で人気が沸騰しています。

鈞窯澱青釉紅斑文盃《きんようでんせいゆうこうはんもんはい》 | 北宋〜金　D.8.8cm　山口県立萩美術館·浦上記念館蔵

盃の内外に美しい紫紅斑が生じています。鈞窯の盃は、昔から大へん珍重され高価なものです。

鈞窯《きんよう》紫《し》紅釉碗《こうゆうわん》 | 北宋〜金　D.11.4cm　山口県立萩美術館·浦上記念館蔵

内面に澱青釉、外面には紫紅釉が一面に施され、その対比が効果的な作品です。1954年、ベネチアのマルコ・ポーロ展にも出品された優品です。

鈞窯月白釉碗《きんようげっぱくゆうわん》｜北宋～金　D.14.2cm

鈞窯には珍しく深みのあるたっぷりした碗です。濃茶を喫するのに如何でしょうか。

鈞窯月白釉盤《きんようげっぱくゆうばん》｜北宋～金　D.22.0cm　山口県立萩美術館･浦上記念館蔵

月白釉とよばれる失透した澱青釉が厚く全体にかかり、落ち着いた豊かさを感じさせます。

高台内にもたっぷり施釉し、目跡が5個あります。

磁《じ》州《しゅう》窯《よう》

多様な装飾技法による民窯のやきもの

磁州窯の陶器は、灰色の胎土に白泥を厚く塗り（白化粧）、透明釉などをかけて焼成します。最大の特色は白化粧ですが、ただ器肌を白くするというのではなく、その白と他色の対比を効果的に演出するところが見所です。劃花《かっか》、搔落《かきおと》し、鉄絵など多彩な装飾技法があり、その器形、用途も多様です。いわゆる民窯で、その暖かみのあるやわらかい色調の白は日本でも昔から人気があります。

H.29.5cm

磁《じ》州《しゅう》窯《よう》白《しろ》無《む》地《じ》梅瓶《めいびん》―北宋

全体に白化粧を施して透明釉をかけています。口作りは丁寧で豊かで美しい形の梅瓶です。

D.23.4cm

磁《じ》州《しゅう》窯《よう》白《しろ》地《じ》線《せん》彫《ぼり》蓮《れん》花《げ》文《もん》鉢《はち》―金

灰色の胎土の上に白化粧土をかけ、その上から先の尖った竹や木などで文様を線彫りし、透明釉をかけて焼成したものです。いかにも自由闊達な彫りです。

磁州窯《じしゅうよう》白地《しろじ》線彫《せんぼり》牡丹《ぼたん》文《もん》枕《まくら》―北宋

一輪の牡丹の花と葉を大きく線彫りし、その余白を細かい円文いわゆる魚子（ななこ）地でうめています。

W.29.8cm

磁州窯《じしゅうよう》緑釉《りょくゆう》線彫《せんぼり》兎《うさぎ》文《もん》枕《まくら》―金

いわゆる豆形という枕です。枕の上面を櫛目で内外に分け、内側に兎を線彫りによってあらわしています。

W.29.0cm

黒釉掻落《こくゆうかきおとし》花《か》文《もん》小《しょう》壺《こ》｜金　左:D.10.6cm　右:D.10.7cm

黒釉を施したあと、その一部を掻落して花文をあらわし焼成します。灰色の素地は余白として残してあります。

黒釉掻落《こくゆうかきおとし》花《か》文瓶《もんへい》｜金　H.25.4cm

上の小壺一対と同じく黒釉掻落しの作品。この瓶は白化粧をしていないので、広義に磁州窯系とよぶ方がふさわしいと思います。右の描画（鉄絵）作品と対照的です。

白釉鉄《はくゆうてつ》絵《え》牡《ぼ》丹文瓶《たんもんへい》｜北宋～金　H.23.0cm
山口県立萩美術館・浦上記念館蔵

白泥の上から鉄絵具で牡丹を描いていますが、線彫りも用いて効果を上げています。

黒釉白堆線文双耳壺《こくゆうはくついせんもんそうじこ》｜北宋～金　D.18.5cm

黒地に白い縦筋が並ぶ、斬新な意匠の双耳壺です。素地にあらかじめ白泥の凸線を絞り出しておき、その上から黒釉をかけています。この壺は日本の茶人が水指として使っていました。

天目《てんもく》

喫茶の普及にともない流行した黒釉の器

天目という言葉は、鎌倉時代に中国に渡った禅僧たちが天目山から持ち帰った建盞《けんさん》を天目とよんだのが語源とされています。ここでは黒い釉薬がかかった陶磁器の総称として考えて下さい。

黒釉陶磁は後漢以降からありますが、唐時代（618～907）には全国的に広く焼成され、さらに宋時代（960～1279）になると最高潮に達します。ここでは建窯《けんよう》や吉州窯《きっしゅうよう》の茶碗、河南天目《かなんてんもく》の鉢、盃などをご紹介しましょう。

建窯《けんよう》禾目《のぎめ》天目茶碗《てんもくちゃわん》 | 南宋　D.12.2cm

日本では稲の穂先の禾（のぎ）に見立て、禾目天目とよび、中国ではその筋文を兎の毛に見立てて「兎毫盞（とごうさん）」とよびます。

河南《かなん》天目《てんもく》白縁《しろぶち》銹花《しゅうか》文鉢《もんはち》 | 金　D.18.1cm

河南省を中心とする華北一帯で焼かれたのでこの名称があります。黒釉の上に柿色の文様や斑文があらわされるのが特徴です。この鉢のように縁が白くしてあるものはめずらしいです。

建窯柿天目茶碗《けんようかきてんもくちゃわん》｜南宋　D.12.1cm

柿釉は天目釉と同じ鉄釉ですが、天目釉よりずっと鉄分が多く柿色に焼き上がっています。形の良い茶碗です。

河南天目盃《かなんてんもくはい》｜金　D.10.5cm

河南天目の盃ですが、黒地に柿色のまだらがむらむらと交じり、趣があります。

吉州窯玳玻天目茶碗《きっしゅうようたいひてんもくちゃわん》｜南宋　D.12.0cm

玳玻とは玳瑁（たいまい）の皮、つまり鼈甲（べっこう）のことで釉調が鼈甲に似ていることからこの名があります。高台は低くて小さい吉州窯特有のものです。

吉州窯鸞天目茶碗《きっしゅうようらんてんもくちゃわん》｜南宋　D.12.5cm

黒釉をかけた茶碗の見込みに文様の型紙を置き、その上に白濁釉をかけたのち、型紙を外して焼成します。これは鳳凰をあらわした「鸞天目」とよばれる茶碗です。

青花《せいか》

白と青、新たなやきものの誕生

元〈げん〉

青花とは、素地にコバルト顔料を用いて筆彩で文様を描き、透明釉をかけて焼成した陶磁器です。青花は元時代（1279〜1368）に江西省景徳鎮窯《けいとくちんよう》において誕生します。かりっと焼きあがった白磁に、くっきりと紺青色の文様が映える青花は、当時の人々に鮮烈な印象を与えたことでしょう。

元時代の青花は、草創期らしい雄渾な筆致で、力強さにあふれています。

白地に青い文様の対比は、見た目にも鮮やかで、また、釉下彩であるため擦れて文様が落ちず、食器に使うのにも清潔感があり中国国内のみならず、国外でも好まれました。

日本では青花のことを染付《そめつけ》とよんできました。いわゆる元染付の大盤、大壺などの大作は40〜50年前から内外のオークションなどで記録的な高値で取引されています。

青花鴨文鉢《せいかかももんはち》 | 元　D.16.8cm

鴨が描かれた珍しい文様の鉢です。コバルトがにじんで濃淡ができ、かえって効果が上がっています。

青花人物文壺《せいかじんぶつもんつぼ》｜元　D.30.0cm　

2005年、ロンドンのクリスティーズに出品されたこの壺は、1,568万8千ポンド（当時邦貨換算約30億円）の史上最高値で落札されました。買ったのはイギリスの美術商で、2010年秋までは、中国陶磁のワールドレコードでした。

青《せい》花《か》鳳凰《ほうおう》文《もん》瓶《へい》 | 元　H.28.7cm　山口県立萩美術館・浦上記念館蔵

玉壺春（ぎょっこしゅん）とよばれる形の瓶に、主文様は鳳凰が一対で描かれています。その上下に蓮弁文帯をはじめ幾つかの文様帯がびっしりと描かれ、空間恐怖症的なところが特徴です。

釉《ゆう》裏《り》紅《こう》菊《きく》唐草《からくさ》文《もん》瓶《へい》｜元　H.33.2cm

青花はコバルトを顔料にしていますが、釉裏紅は銅の顔料で文様を描きます。顔料が異るほかは青花とまったく同じ技法ですが、銅の発色が不安定で、紅色というより黒味がちなものが多く見られます。青花に比べて遺品も著しく少ないものです。

明〈みん〉

青花（染付磁器）は、明時代（1368～1644）初期にあたる永楽年間（1403～1424）に御器廠《ぎょきしょう》が設けられ、作風、技術ともに洗練されていきます。特に永楽帝の命を受けた鄭《てい》和《わ》の7回に及ぶ大航海によってイスラム圏との交易が盛んになり、青花磁器は重要な輸出品になります。トルコのトプカピ・サライやイランのアルデビル・シュラインには西アジア趣味の永楽青花の優品がたくさん所蔵されています。

永楽のあとをうける宣徳年間は、より多くの作品を焼成しますが、さらに精緻で洗練されていきます。

この頃の青花の肌には「橘皮文《きっぴもん》」とよばれる柑橘類の皮に見られるような凹凸があり、光沢が抑えられ、落ち着いた釉調が特徴です。

青花《せいか》花唐草文《はなからくさもん》稜《りょう》花《か》盤《ばん》｜明・永楽　D.34.2cm

この盤は12稜の花形をし、外縁部に波涛文、そしてメインの文様は四季の花唐草文がのびのびと描かれています。青花の発色も清澄で永楽青花の気品が感じられます。

青《せい》花《か》龍《りゅう》唐草文《からくさもん》天《てん》球《きゅう》瓶《へい》｜明·永楽　H.42.0cm　松岡美術館蔵

1974年、ロンドンのサザビーズ・オークションで当時の世界最高値で落札されたのがこの天球瓶です。42万ポンド（当時邦貨換算2億5千万円）でその時は世界中が驚きましたが、今となれば安い買物といえるほど永楽青花の大名品です。

ポルトガルのグラーツ夫人と日本の松岡清次郎氏の一騎打ちで、グラーツ夫人が競り勝ち落札しましたが、直後ポルトガルで政変があり、キャンセルとなり結局アンダービッターの松岡翁が入手、今や松岡美術館の目玉の一つです。

青《せい》花《か》牡《ぼ》丹《たん》唐《から》草《くさ》文《もん》鉢《はち》｜明·宣徳（在銘）　D.20.8cm　山口県立萩美術館·浦上記念館蔵

作風の上に官窯の特色がはっきりと打ち出されるのは宣徳年間のことで、官窯器の標識として「大明宣徳年製」の銘款が記されるようになります。

青花《せいか》蜀葵《しょっき》文碗《もんわん》｜明・成化(在銘)　D.14.6cm　大阪市立東洋陶磁美術館蔵

成化年間の官窯青花は、素地も最高級で文様も気品に満ち、やきものの理想の姿ともいわれます。この碗はパレス・ボウルとよばれる宮廷磁器です。成化の作品は、質が良くて遺品が極めて少ないので、市場価格はとびきり高いです。

古伊万里の底裏に「大明成化年製」といった銘款を持ったものが随分ありますが、これらも高名な成化磁器にあやかろうとつけられたものです。

青《せい》花《か》 龍鳳文碗《りゅうほうもんわん》 | 明・萬曆(在銘)　D.12.3cm

内面中央(見込み)に正面向きの五爪の龍を、外面に龍と鳳凰が描かれています。

青《せい》花《か》人物文壺《じんぶつもんつぼ》 | 明・嘉靖(在銘)　D.21.2cm

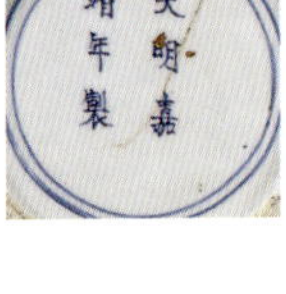

嘉靖年間の青花は、しばらく途絶えていたイスラム産のコバルトの輸入も再開され、色鮮やかな色調が回復します。この文様は人物が二人一組で３場面描かれています。嘉靖以降、官窯で焼造すべき製品の一部を民間に委託焼造させる方式が取り入れられるようになります。この制度を「官塔民焼（かんとうみんしょう）」といいます。

青花《せいか》鳳凰《ほうおう》文《もん》梅瓶《めいびん》 | 明・萬暦　H.57.7cm　愛知県陶磁資料館蔵

萬暦年間の青花は文様が密に描かれ、構図がやや混んだ印象があります。この梅瓶は大作で鳳凰がのびのびと自由奔放に描かれています。

五彩《ごさい》

色彩豊かな「色絵」「赤絵」

五彩とは、高温焼成した白磁の上に、赤や緑、黄などの上絵具で文様を描いた後、もう一度窯に入れて低温で焼きつけたものをいいます。色絵、赤絵あるいは釉上彩《ゆうじょうさい》ともいいます。明（1368〜1644）や清時代（1644〜1912）の陶磁の主役となりますが、技法的には金から元時代（1279〜1368）にかけて磁州窯系の窯で作られた「宋赤絵」がはじまりです。

2度の焼成を行うリスクとコストが高い五彩は明時代中期まで生産が限られていましたが、嘉靖、萬暦年間になるとその爛熟した文化の風潮にもマッチして大いに生産されるようになりました。

宋赤絵花文馬上杯《そうあかえかもんばじょうはい》｜金
H.8.9cm
磁州窯で始まった上絵付は、素朴な筆使いで味わいがあります。

緑彩龍文盤《りょくさいりゅうもんばん》｜明・正徳(在銘)　D.17.9cm
青花の白とブルーのシンプルな世界から、色彩豊かな五彩の世界へ。この白地緑彩盤は、その魁（さきがけ）のような作品です。素地に龍波涛文を陰刻し、龍の部分を残し透明釉をかけて焼いた後、釉をかけ残した部分に緑彩を施しています。

五彩魚藻文壺《ごさいぎょそうもんつぼ》｜明·嘉靖(在銘)　H.33.8cm　重要文化財
福岡市美術館蔵（松永コレクション）　山﨑信一氏撮影

嘉靖というより明時代の五彩の代表的な作品です。この頃の上流階級で鯉や金魚を飼うことが流行したようです。魚の色は赤と黄を重ねて焼いていて重厚感があります。

黄地《おうじ》紅彩雲鶴文角形盒《こうさいうんかくもんかくがたごう》｜明・嘉靖（在銘） W.12.4cm

全面に黄釉を施した上に紅釉で文様を描いています。白地部分を残さず、濃厚な色彩で器表を覆って焼成した嘉靖官窯特有のものです。文様は雲鶴文と八卦文といった吉祥文が描かれています。

五彩花卉文壺《ごさいかきもんつぼ》｜明・嘉靖（在銘）

D.17.4cm

この壺は、高台内の「大明嘉靖年製」銘以外は、青花が用いられておらず、文様は純然たる五彩で仕立てられています。

この壺は梅原龍三郎旧蔵品で、梅原の箱書きがあります。また、この壺にバラを活けた油絵作品が東京国立近代美術館で開催された「梅原龍三郎遺作展」に出陳されました。

五彩虎人物文盃《ごさいとらじんぶつもんはい》

明・萬暦（在銘）　D.8.7cm

山口県立萩美術館・浦上記念館蔵

見込みに正面向きの五爪の龍、そして外面には虎にのった人物が描かれています。萬暦赤絵の盃はとくに日本の愛陶家に人気があります。

五彩龍文瓶《ごさいりゅうもんへい》｜明・萬暦（在銘）

H.12.2cm

山口県立萩美術館・浦上記念館蔵

コバルトで文様の一部を釉裏下に描き、高温焼成したあと、赤、黄、緑の顔料でその他の文様を上絵付しています。この瓶はいわゆる尊の形をしています。志賀直哉に「万暦赤絵」という短篇がありますが、当時から高価なものだったことがわかります。

明の五彩・民窯

〈みんのごさい・みんよう〉

これまで明時代（1368〜1644）の官窯五彩を紹介しましたが、ここでは民窯の五彩をとりあげます。

まず、萬暦（1573〜1620）より古い時代に焼かれた民窯五彩を、わが国では古赤絵とよんでいます。その特徴は青花を使わずに赤を主体に文様を描いていることです。

金襴手は、嘉靖（1522〜1566）頃に作られた金彩のある五彩で、これも日本人のつけた呼び名です。金襴とは中国産の金糸を用いた絹織物で、それを彷彿とさせたので生まれた名と思われます。主に日本やイスラム圏向けに輸出されたようで、中国本土にはあまり残っていません。

H.28.2cm

赤《あか》絵《え》金襴《きんらん》手《で》 透彫《すかしぼり》水注《すいちゅう》―明　重要文化財　五島美術館蔵

いわゆる仙盞瓶（せんさんびん）という形で、この作品は金襴手の代名詞のような名品です。最後に金箔や金泥で孔雀文をあらわし、3度の窯入れをした精作です。

古《こ》赤《あか》絵《え》孔《く》雀《じゃく》文壺《もんつぼ》｜明

H.11.6cm

右頁の金襴手仙盞瓶の胴部に孔雀文が透彫りであらわされていますが、この壺も孔雀が描かれています。掌（たなごころ）の中で楽しみたい可愛いらしい作品です。

古《こ》赤《あか》絵《え》婦《ふ》女《じょ》文《もん》盤《ばん》｜明　D.31.0cm

早稲田大学會津八一記念博物館蔵

女性二人が何やら話し合っている文様で、いかにも情趣があります。色調も暖かく、和やかな雰囲気が伝わってきます。

清《しん》の官窯《かんよう》

製陶技術を極め、技術を集大成し発展

明の萬暦年間（１５７３〜１６２０）の終焉とともに景徳鎮《けいとくちん》の御器廠《ぎょきしょう》は閉じられていましたが、明時代末期の混乱を経て、治世が安定すると康熙帝《こうきてい》は官窯を復活させ、伝統の製陶技術をさらに極めさせました。

康熙、雍正《ようせい》、乾隆《けんりゅう》の三皇帝の時代に釉上《ゆうじょう》彩《さい》は洗練され、西洋の七宝技術を取り入れた粉彩《ふんさい》によって文様というよりは絵画というべき精緻を極めた絵付けを可能にしました。

清時代（１６４４〜１９１２）前期の景徳鎮窯は、五彩、粉彩、単色釉などあらゆる技術を集大成して大いに発展しました。

しかし隆盛を誇った景徳鎮も18世紀末に乾隆帝が没した後は、もっぱら衰退の道をたどり、再びかつての栄光をとりもどすことはありませんでした。

近年、清の官窯は経済力を増した中国人コレクターを中心に暴騰し続けています。

藍地《らんじ》黄彩《おうさい》龍《りゅう》文盤《もんばん》 | 清・康熙(在銘)　D.25.0cm

青花で白抜き文様を描き、白地の部分に上絵付けの黄彩をほどこし再度焼成しています。

粉彩桃樹文盤《ふんさいとうじゅもんばん》｜清·雍正(在銘)　D.15.8cm

粉彩は上絵の一種ですが、五彩を「硬彩」とよぶのに対し、粉彩は「軟彩」とよばれます。上絵技法の中で絵画性への志向が強まり、不透明な色彩の粉彩絵具が開発され、やわらかな絵画的色感が表現されます。桃は長寿、蝙蝠（こうもり）は福の象徴です。

青磁《せいじ》双耳《そうじ》方瓶《ほうへい》｜清・乾隆（在銘）　H.33.0cm

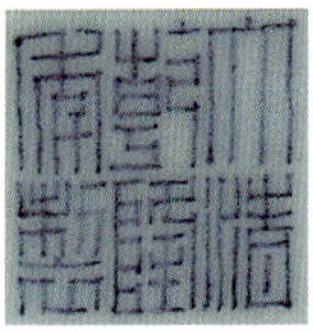

漢時代の青銅器を写した形です。
粉青色の釉も宋時代のものを写していますが、白胎であるため宋時代の作品とは違った明るさを見せています。

粉彩《ふんさい》 百《ひゃく》 鹿《ろく》文《もん》双《そう》耳《じ》壺《こ》｜清·乾隆(在銘)　H.43.9cm　出光美術館蔵

乾隆粉彩の代表的作品です。

壺の下部がゆったりと張った形で、雲のような耳がついています。文様はいわゆる百鹿図とよばれるもので、「鹿」の音が「禄（ろく）」に通じるところからきた吉祥文です。

明末《みんまつ》清初《しんしょ》の民窯《みんよう》

のびのびとした作風へ

古染付〈こそめつけ〉

明時代（1368~1644）も末期になりますと、官の統制による御器焼造、いわゆる官《かん》窯《よう》が衰退し、代わって自由でのびのびとした作風の民窯が大いに盛んになります。

古染付は、その代表的なものの一つで、軽妙洒脱な文様の面白さは江戸初期から日本人に大へん好まれて、日本から景徳鎮《けいとくちん》に注文して作らせたほどです。織部などの茶陶を手本にした和様の厚手のものがそれで、茶器古染付といえるものです。一方、皿、鉢など日常の飲食器に使われたと思われる薄手のものがあります。これは主に中国国内の需要に応えて焼かれました。器の作りとしては粗雑なものが多く、釉と素地の収縮率の違いからホツレが生じ一部が剥落《はくらく》することがありますが、これを虫喰《むしく》いとよんで日本の茶人は古染付の特徴としてむしろ好んだほどです。

古《こ》染付《そめつけ》蟹文《かにもん》小皿《こざら》 | 明末　D.10.4cm~10.6cm

蟹の小皿が10枚、それぞれ個性的で愛嬌があります。今にもザワザワと動き出しそうです。

日本では渡来品（唐物）ということもあり大切にされていましたので、古染付の作品のほとんどは日本に残っているといっても過言ではないでしょう。

古《こ》染付《そめつけ》瓢《ひさご》形《がた》猿《さる》龍《りゅう》桃《もも》文《もん》鉢《はち》｜明末　W.23.1cm

長寿のシンボルである桃を取ろうとする猿と雲間の龍の文様です。厚手で、日本向けに作られたものと考えられます。

古《こ》染付《そめつけ》象《ぞう》唐《から》子《こ》文《もん》鉢《はち》｜明末　D.22.1cm　山口県立萩美術館・浦上記念館蔵

いわゆる銅鑼鉢とよばれる厚手の鉢です。鼻で蓮華をかざす象と、その背に乗った唐子がほほえましく描かれています。

古《こ》染付《そめつけ》釉《ゆう》裏《り》紅《こう》兎《うさぎ》文《もん》皿《さら》 ｜ 明末　D.20.7cm

青花と釉裏紅で文様が描かれている古染付は、大へん稀です。皿の曲線にそった円形の荒野に兎が3匹、鷹が上空から兎をねらっています。

古《こ》染付《そめつけ》吹墨《ふきずみ》玉《ぎょく》兎《と》文《もん》皿《さら》 ｜ 明末　D.21.3cm

山口県立萩美術館·浦上記念館蔵

古染付のデザインは日本の初期伊万里に大きな影響を与えています。この吹墨の兎文皿はその代表的なものといえ、初期伊万里の吹墨兎文皿の先生です。

古《こ》染付《そめつけ》兎《うさぎ》文《もん》皿《さら》 ｜ 明末　D.21.3cm

21cm くらいの大きさの皿を中皿とよびます。剽軽な顔をした兎が描かれています。兎は明末清初の民窯作品によく登場します。

古《こ》染付《そめつけ》馬《うま》牧童《ぼくどう》文《もん》皿《さら》 ｜ 明末　D.21.1cm

牧童が笛を吹き、4匹の馬が走ったり寝そべったり、のどかに描かれたまさに牧歌的な文様です。

古《こ》染付《そめつけ》鷹《たか》文《もん》皿《さら》｜明末　D.15.1cm

古《こ》染付《そめつけ》釉《ゆう》裏《り》紅《こう》鷹《たか》文《もん》皿《さら》｜明末　D.15.3cm

古《こ》染付《そめつけ》三人《さんにん》唐《から》子《こ》文《もん》皿《さら》｜明末　D.14.9cm

古《こ》染付《そめつけ》三人《さんにん》唐《から》子《こ》喧《けん》嘩《か》文《もん》皿《さら》｜明末　D.15.4cm

古《こ》染付《そめつけ》馬《うま》文《もん》皿《さら》｜明末　D.14.9cm

古《こ》染付《そめつけ》闘鶏《とうけい》文《もん》皿《さら》｜明末　D.15.1cm

色絵祥瑞と南京赤絵

〈いろえしょんずいとなんきんあかえ〉

祥瑞とは精選された素地に色鮮やかなコバルト顔料で絵付けされた青花の一群をさし、それらのあるものに「五良大甫呉祥瑞造」の銘を持つものがあることから、通称として用いられているよび名です。年代的には古染付よりやや下り、あるいは清初に入るものもあるかと考えられています。この祥瑞の青花を文様の基礎にして、そこに色絵を施したのが色絵祥瑞です。

　また、明末清初で、天啓赤絵、色絵祥瑞や呉州《ごす》赤絵と区別している五彩磁器で景徳鎮《けいとくちん》民窯のものを南京赤絵とよんでいます。白地に色絵だけで絵付けしたものが多く、山水、人物、花鳥文などが描かれています。

五《ご》彩《さい》鳥《とり》兎《うさぎ》文《もん》皿《さら》 | 色絵祥瑞　明末　D.20.0cm

祥瑞文様を稔花にして配置し、中央に兎、その周囲に鳥を描き、縁は鉄釉を塗られたいわゆる口紅になっています。

南京《なんきん》赤《あか》絵《え》人物《じんぶつ》文《もん》角皿《かくざら》｜明末　W.14.0cm

隅切りの角皿に、二人の人物が眼下を見はらしながら何やら語り合っている文様です。空間がうまく生きています。

南京《なんきん》赤《あか》絵《え》 氷裂《ひょうれつ》羅《ら》漢《かん》文《もん》菱形《ひしがた》皿《さら》｜明末　W.18.2cm

菱形の皿の中央に、とぼけた羅漢を描き、その背景は赤、緑、黄でモザイクのような氷裂文になっています。

南京《なんきん》赤《あか》絵《え》双魚《そうぎょ》文《もん》皿《さら》｜明末　D.21.3cm

皿の縁の輪花から上絵の緑の線が稔花状に中央にのび、中心に双魚と花を描いています。

魚は余と音が通じることから吉祥文様として古くからよく用いられました。

呉州赤絵
〈ごすあかえ〉

中国の福建省南部で作られた高台に粗い砂が付いた五彩や青花の磁器が、桃山時代から江戸時代初期にかけて日本に大量に輸入されました。日本では、それらを呉州赤絵・呉州染付とよびならわしてきました。欧米では、スワトウ（汕頭）ウェアとよばれています。長い間、生産地が不明だったのですが、1994年漳州《しょうしゅう》に窯址が発掘されました。

とくに赤絵は日本において、古くから高級食器や茶道具としてもてはやされ、江戸時代後期以降は呉州赤絵写しが盛んに作られました。

今日では、和食器の意匠として深く定着していて、日本の飲食文化に大きな影響を及ぼしています。

呉州染付（青花）ものびのびと自由な筆づかいが魅力的です。

また柿地餅花手（褐釉白花）、藍地餅花手（藍釉白花）という一群があり、素地に褐釉（藍釉）をかけ、その上に白釉で絵付け（餅花）を施しています。

呉州《ごす》赤絵《あかえ》人物文《じんぶつもん》大皿《おおざら》 | 明末　D.39.7cm

見込みには対話をしている二人物が描かれ、側面には花卉文と「忠・孝・廉・節」の文字をもつ窓が配置されています。

柿《かき》地《じ》餅花《もちばな》手《で》有蓋《ゆうがい》壺《こ》｜明　D.14.4cm

褐釉をかけた上に白釉で蓮花と鷺を描いています。呉州手としては精緻な作で逸品です。

呉《ご》州《す》赤《あか》絵《え》宝《たから》字《じ》花《か》文皿《もんさら》｜明　D.17.1cm

見込み中央に「宝」字を上絵の青で書き、周りに赤絵で花蝶を描いています。また、青の上絵付を基調としたものは青呉州とよばれます。

呉《ご》州《す》赤《あか》絵《え》麒麟文大皿《きりんもんおおざら》｜明　D.33.8cm

見込みに簡略化された麒麟が素早いタッチで描かれています。周りは４つの赤玉と窓がそれぞれ配されています。

呉《ご》州《す》染付《そめつけ》孔《く》雀《じゃく》文皿《もんさら》｜明　D.28.1cm

見込みに振り向く孔雀と牡丹を描き、縁は青海波の地文の中に6個の窓が配されています。

清初の民窯
〈しんしょのみんよう〉

明末清初の民窯磁器は、欧米においてトランジショナル・タイプとよばれています。すなわち、明時代から清時代への過度期の磁器という位置づけです。これらは盛んに海外へ輸出され、ヨーロッパや日本でも珍重されました。

ここに掲げた作品は、清時代初め、康熙《こうき》（1662〜1722）の民窯で作られたもので、新しい様式が見られます。明末のものより文様が細やかに描かれています。

五彩《ごさい》蓮池《れんち》翡翠《かわせみ》文皿《もんさら》 | 清・康熙　D.16.5cm

蓮池に翡翠が１羽、五彩で濃密に描かれています。余白部分も効果的で、絵画的な構図といえます。

五彩《ごさい》花籠《はなかご》文《もん》八角《はっかく》大皿《おおざら》 | 清・康熙　D.36.8cm

見込み中央に花をいっぱい盛った花籠を大きく描き、八角の縁には、それぞれ岩や花蝶文が配されています。このタイプは主にヨーロッパに輸出されました。

左:五彩花鳥文盃·台《ごさいかちょうもんはいだい》　右:青花海老魚文盃·台《せいかえびぎょもんはいだい》｜清·康熙　左:D.12.9cm　右:D.12.9cm

この五彩と青花の盃と盃台は、薄手に作られ文様もお洒落です。主にヨーロッパに輸出され、カップアンドソーサーとして用いられました。

青花美人文有蓋壺《せいかびじんもんゆうがいこ》 一対｜清·康熙　左:H.28.3cm　右:H.26.8cm

青花が鮮やかに発色していて、くっきりした印象を与えます。一対の壺のそれぞれに美人が3人ずつ描かれ、各人が琵琶や兎などお気に入りのものを手に持っています。

中国・朝鮮半島やきもの窯址地図

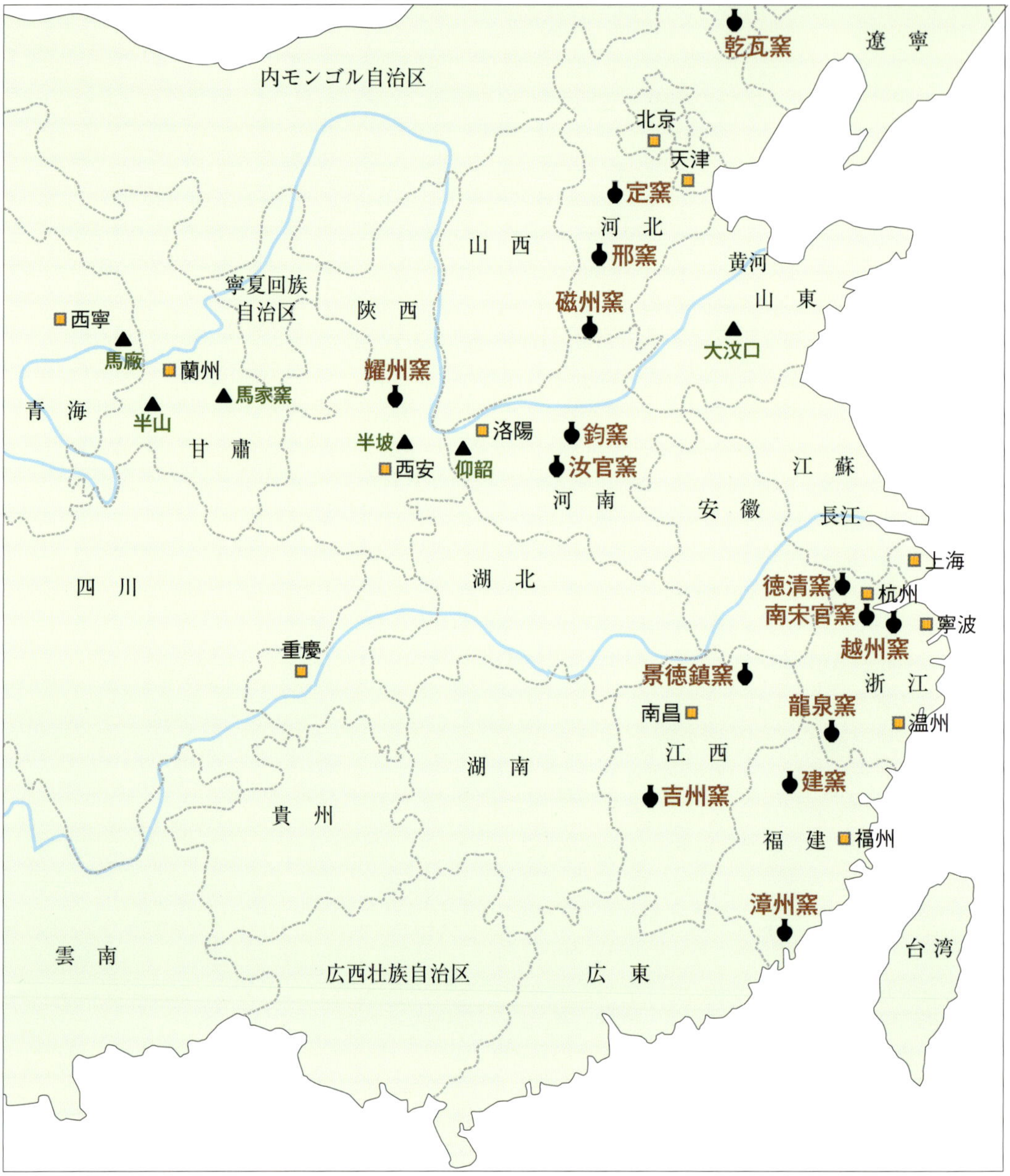

朝鮮半島

■ 都市
● 窯址
▲ 遺跡

青磁象嵌牡丹文碗（144頁）

白磁龍耳瓶（72頁）

朝鮮陶磁

中国で新石器時代の早い時期に、簡単な構造の窯ができてからおよそ８０００年。その悠久ともいえる時間に作られた中国陶磁をかけ足で見てきました。

これから朝鮮陶磁の高麗《こうらい》と李朝《りちょう》の約１０００年を鳥瞰《ちょうかん》してみましょう。もちろん朝鮮半島に土器があらわれたのは５０００年～６０００年も前からですが、土器として完成するのは三国時代（4世紀～7世紀）の頃です。その技術と作風が5世紀の日本へ伝えられ、須恵器《すえき》が作られます。須恵器は日本ではじめて高火度焼成されたやきもので堅く焼き締まっています。これも新石器時代末期の中国江南地方で発明された硬陶《こうとう》が起源です。中国―朝鮮半島―日本と文化と技術の伝播がやきものにも顕著に見られるのです。

さて、10世紀に高麗時代がはじまり、この時代の陶磁を代表するのが高麗青磁です。はじめは中国越州窯《えっしゅうよう》の影響が大きいのですが、徐々に独自の青磁を作り12世紀に黄金期を迎えます。

そして14世紀末、高麗王朝に代わって李氏朝鮮王朝が興ります。一般に李朝とよんでいます。１９１０年まで５００年以上続き、前期は粉青沙器《ふんせいさき》、後期は青花《せいか》に代表されますが、全期を通じて作られたのが白磁です。高麗を青磁の時代とすると、李朝は白磁の時代といえます。

高麗青磁《こうらいせいじ》

12世紀に黄金時代を迎えた独自の青磁

高麗青磁の起源は、器形、文様、高台作りなどを見ても、中国越州窯《えっしゅうよう》青磁にその祖型が見られます。そして北宋との交流が進むにつれて汝官窯《じょかんよう》、耀州窯《ようしゅうよう》、定窯《ていよう》、景徳鎮窯《けいとくちんよう》などの影響を受け、やがて高麗青磁独自の形や色、意匠が確立していきます。12世紀になると黄金時代を迎えますが、その前半は翡色《ひしょく》青磁という青磁釉色の完成、そして後半は象嵌《ぞうがん》青磁という装飾技法の完成が見られます。

また鉄絵具で文様を描いた上から青磁釉をかけて焼いた青磁鉄絵があり、象嵌と違って自由な筆致が特徴です。これを日本では昔から絵《え》高麗《ごうらい》とよんでいます。

青磁洗《せいじせん》｜高麗　D.16.3cm　山口県立萩美術館・浦上記念館蔵

器壁はうすく、底には小さな目跡（めあと）が３個（上の写真）あります。シンプルですが汝官窯の影響をうかがわせる気品あふれる作品です。

青磁《せいじ》陰刻《いんこく》鸚鵡《おうむ》文鉢《もんはち》｜高麗　D.19.0cm

見込みに鸚鵡が２羽、陰刻であらわされています。鸚鵡文は中国五代の越州窯でよく見られる文様で高麗青磁と越州窯の関係がよくうかがえる作品です。

青磁《せいじ》 鎬《しのぎ》 文鉢《もんはち》｜高麗　D.16.6cm

北宋末、青磁の母国である中国からの使節が絶賛したという高麗青磁の釉色はいかにも優美です。文様技法は素文、陰刻、陽刻が象嵌に先行します。

象嵌青磁〈ぞうがんせいじ〉

象嵌青磁とは、器壁に文様を彫り、そこに白土と鉄分の多い黒土をうめこみ素焼をして、青磁釉をかけて焼成する技法です。白と黒のコントラストが鮮やかで、筆による絵付けとはまた違う端麗な作品がうみだされました。

青磁《せいじ》象嵌《ぞうがん》菊花《きくか》文《もん》薬器《やっき》｜高麗　H.6.9cm
山口県立萩美術館・浦上記念館蔵

蓋を伴った筒形の容器を薬器とよびます。蓋、身の全面に菊花文がびっしり象嵌されていて、象嵌青磁の装飾性の頂点を示す作品です。底裏まで施釉され、硅石目跡が3個残っています。

青磁《せいじ》象嵌《ぞうがん》菊花《きくか》文《もん》有蓋《ゆうがい》小壺《しょうこ》｜高麗　H.5.5cm
山口県立萩美術館・浦上記念館蔵

胴部周囲に半円形6弁、中に菊花文を配し、胴下部は蓮弁文を象嵌しています。右の壺と大きさも、象嵌文様も似ていますが、それぞれ異なる個性と趣を持っています。

青磁《せいじ》象嵌《ぞうがん》菊花《きくか》文《もん》有蓋《ゆうがい》小壺《しょうこ》｜高麗　H.5.3cm
山口県立萩美術館・浦上記念館蔵

胴部ぐるりに半円形を7個配し、その中と間にも菊花をあしらい、蓋にも半円形が4個配され、その中に菊花が象嵌されています。小品ながら珠玉とよぶに相応しい作品です。

青《せい》磁《じ》象《ぞう》嵌《がん》菊《きく》文《もん》四《し》耳《じ》壺《こ》 | 高麗　H.33.0cm　山口県立萩美術館・浦上記念館蔵

やさしくて気品があり、貴族的、女性的とも称される高麗青磁を象徴する作品です。肩に耳が4個つけられ、胴部には菊花の折枝が4面に配されています。肩に如意頭（にょいとう）文、裾には雷文が白土で象嵌されています。

青《せい》磁《じ》象嵌《ぞうがん》菊花《きくか》文《もん》龍《りゅう》耳《じ》盃《はい》 | 高麗　W.10.5cm
山口県立萩美術館･浦上記念館蔵

輪花状の器形に龍頭がつけられた盃です。文様は外面たてに菊花文、器の内側には双魚文があらわされ、龍の眼玉も黒く象嵌されています。

青《せい》磁《じ》象嵌《ぞうがん》菊花《きくか》文《もん》松《まつ》葉《ば》形盒《がたごう》 | 高麗　W.6.0cm
山口県立萩美術館･浦上記念館蔵

松葉形をした盒で、蓋の上面と身の側面に象嵌で菊花文をあらわしています。作行きはすこぶるシャープで気品があります。貴族の婦人の化粧品を入れた器です。

青《せい》磁《じ》象嵌《ぞうがん》牡《ぼ》丹文碗《たんもんわん》 | 高麗　D.14.0cm　山口県立萩美術館･浦上記念館蔵

内面に牡丹が４輪、それぞれ花、葉、そして先端に蕾が白黒象嵌であらわされ、口辺には雷文が丁寧に黒象嵌で施されています。

青磁《せいじ》象嵌《ぞうがん》菊花《きくか》文《もん》油壺《あぶらつぼ》｜高麗　D.8.3cm

油壺は、高麗の全時代を通じて作られたらしく、素文、陰刻、鉄絵など各技法のものがあります。これら象嵌の油壺はやはりゴージャス感があります。

青磁《せいじ》象嵌《ぞうがん》花《か》蝶《ちょう》文《もん》油壺《あぶらつぼ》｜高麗　D.8.1cm

油壺は女性の髪油の容器であったと考えられます。上と下に黒象嵌の雷文を配し、その間に花と蝶を象嵌しています。

青磁《せいじ》象嵌《ぞうがん》花《か》文《もん》盒《ごう》｜高麗　D.8.4cm

中央に花、周囲に半円形を６個配し、その中に菊花文、そのさらに外側に蓮弁文を象嵌しています。きりりと引きしまった優品です。

青磁《せいじ》象嵌《ぞうがん》牡丹《ぼたん》文《もん》盒《ごう》｜高麗　D.8.4cm

中央に大きな象嵌で牡丹をあらわし（面象嵌）、その周囲に蓮弁文を配しています。蓋と身の側面は雷文を施しています。ボリューム感のある盒です。

李朝《りちょう》

朝鮮王朝時代の三島・白磁・青花

粉青沙器
〈ふんせいさき〉

日本では一般に「三島《みしま》」と総称している粉青沙器は、「粉粧灰青沙器《ふんしょうかいせいさき》」の略称です。その名のとおり、器表に白泥土を化粧がけするのが特徴で、その上から透明釉をかけて焼成します。その装飾方法には、象嵌《ぞうがん》、印花《いんか》、刷毛《はけ》目《め》、線刻《せんこく》、掻落《かきおと》し、鉄絵《てつえ》、粉引《こひき》などがあります。高麗青磁の優美で静謐な世界と異なって、自由で大胆な造形とデザインが特徴といえます。とはいえ、粉青沙器は高麗象嵌青磁の系譜に連なるもので、最盛期は15～16世紀です。ただ、高麗青磁との大きな違いは、印花、刷毛目に見られる「白色」への指向と、のびのびとした彫文技法そして描画技法（鉄絵や絵粉引など）の展開と独自の美の領域を形成していきます。

粉青沙器《ふんせいさき》線刻連菱文壺《せんこくれんびしもんつぼ》｜李朝初期　H.16.2cm　山口県立萩美術館･浦上記念館蔵

粉青沙器で円壺形の壺は少なく、とくに白地線刻の作品は大へん珍しいです。この壺は肩に蓮菱文、胴にも同じ形式の文様を線彫りで大きくあらわしています。無雑作で彫りが深すぎた線もありますが、単純明快なデザインが素朴で好ましい壺です。

粉《ふん》青《せい》沙《さ》器《き》印《いん》花《か》文《もん》皿《さら》｜李朝初期

日本で一般に三島暦手とよばれる皿です。見込み中央に菊花文が型押しであらわされていますが、その他は全面にわたって縄簾文の型押しで覆われています。

D.20.4cm

粉《ふん》青《せい》沙《さ》器《き》線《せん》刻《こく》魚《ぎょ》文《もん》扁《へん》壺《こ》｜李朝初期　山口県立萩美術館・浦上記念館蔵

全面に厚くかけた白土に、2匹の魚をのびやかな線であらわしています。反対の面も双魚、側面は対角線と円が組み合わされ、いかにも奔放で自由な扁壺です。

H.20.1m

粉青《ふんせい》沙《さ》器《き》掻 落《かきおとし》 牡《ぼ》丹《たん》文《もん》扁《へん》壺《こ》 | 李朝初期　H.17.4cm　山口県立萩美術館·浦上記念館蔵

扁壺は李朝初期に大へん好まれた形らしく、作例が多くあります。たいていの扁壺は丸く轆轤（ろくろ）で成形した後に叩いて形を作っています。この作品は胴をやや角ばった形に作り、文様は地を掻落して牡丹文を全面にあらわしています。

粉青《ふんせい》沙《さ》器《き》粉《こ》引《ひき》鉄《てつ》絵《え》草《そう》花《か》文《もん》扁《へん》壺《こ》｜李朝初期　H.23.6cm

日本で絵粉引（えこひき）とよんで珍重しているものです。全体にすっぽりと白土をかけ、鉄絵で草花文をのびやかに風雅に描いています。高台も豪快で力強い作りです。

D.14.6cm

粉《ふん》青《せい》沙《さ》器《き》鉄《てつ》絵《え》草《くさ》文《もん》壺《つぼ》―李朝初期

このタイプの鉄絵粉青（ふんせい）を一般に鶏龍山（けいりゅうざん）とよびます。それは窯が忠清南道の鶏龍山山麓にあったからです。この壺は俗にソロバン形とよんだりしますが、高台が小さく引き締まった形をしています。

H.22.1cm

粉《ふん》青《せい》沙《さ》器《き》鉄《てつ》絵《え》草《くさ》文《もん》瓶《へい》―李朝初期

絵刷毛目（えはけめ）ともよばれ、白泥（はくでい）を塗った後、大胆な筆致で草花が豪快に描かれています。

粉青《ふんせい》沙器《さき》粉引《こひき》耳盃《じはい》｜李朝初期　W.13.6cm
山口県立萩美術館･浦上記念館蔵

盃の両縁に耳がついたものを耳盃といって、粉青沙器や白磁に類例が見られます。この粉引耳盃はかなりお酒を飲んだらしく、いい味がついています。

黒釉《こくゆう》扁《へん》壺《こ》｜李朝初期　H.19.9cm

一般に黒高麗（くろごうらい）扁壺とよびますが、15 世紀頃の作品です。厚くかかった黒釉は二度がけし、漆黒に焼き上がっています。椿などを挿すと似合いそうです。

白磁

〈はくじ〉

中国の元末明初白磁の影響を受け、15世紀に生産が始まりました。これは硬質《こうしつ》胎土《たいど》の白磁で、高麗白磁を受けついだ軟《なん》質《しつ》胎土のものとは異なり、広州官窯《こうしゅうかんよう》においで主流を占めるようになります。明初風の純白な白磁が15～16世紀に見られ、「堅手《かたで》」といわれる半光沢の灰色がかった白磁が広州近辺の窯で15～17世紀に作られます。そして施釉の厚い乳白白磁は金沙里窯《きんさりよう》で18世紀前半に、また最も作品が多い薄青色を帯びた白磁は分院里《ぶんいんり》窯《よう》で18世紀以降に生産されます。

李朝時代には儒教がゆきわたったため、白が尚《たっと》ばれ、白磁が流行したといわれます。李朝陶磁の研究・啓蒙にその生涯をかけた浅川伯教《のりたか》は、「朝鮮の人は白を喜ぶ国民で、善良な人を形容して"清白の人"といい、白についての認識と感覚が優れている。」と述べています。彼は、柳宗悦にも李朝の素晴らしさを伝えました。

白磁壺《はくじつぼ》 | 李朝初期　H.11.6cm

李朝初期の作で、低い口作り、端正な器形、白磁の釉調も清楚な感じです。高台の削りもていねいで気持ちのいい壺です。

白磁壺《はくじつぼ》｜李朝　H.29.7cm

李朝中期の作で、胴が豊かに丸々と張ったよい形をしています。釉調も乳白色で温かみを感じる美しさです。また、長年の使用によるしみが器表にあらわれ、それが景色となっています。

独特の味わいをもつ李朝染付

青花〈せいか〉

李朝初期15世紀に明初様式を模倣して生産が始まりますが、李朝独自の様式が17世紀後半から18世紀前半の広州《こうしゅう》・金沙里窯《きんさりよう》において確立、完成されます。18世紀中期以降は分院里窯《ぶんいんりよう》で数多く作られ、文様も多様化します。李朝染付（青花）には、独特の味わいがあります。

青花花唐草文皿《せいかはなからくさもんさら》｜李朝初期　出羽桜美術館蔵

李朝初期15世紀の青花皿です。明の永楽、宣徳年間の青花に似ていて、その影響が大きいと考えられます。大へん珍しいもので、類品は世界中に何点もありません。

D.20.5cm

青花《せいか》 松竹梅文壺《しょうちくばいもんつぼ》｜李朝　H.12.5cm

胴に縦8箇所の鎬を入れ、八面の瓜形に仕立てています。三方に松、竹、梅が描かれていますがいずれも気迫のこもった筆使いです。

D.16.5cm

青《せい》花《か》馬《ば》上《じょう》人《じん》物《ぶつ》文《もん》皿《さら》―李朝　山口県立萩美術館・浦上記念館蔵

遠山を背景に、従者をつれた人物が馬か驢馬（ろば）に乗っています。青花の濃淡をつけた描写が味わい深い作品です。

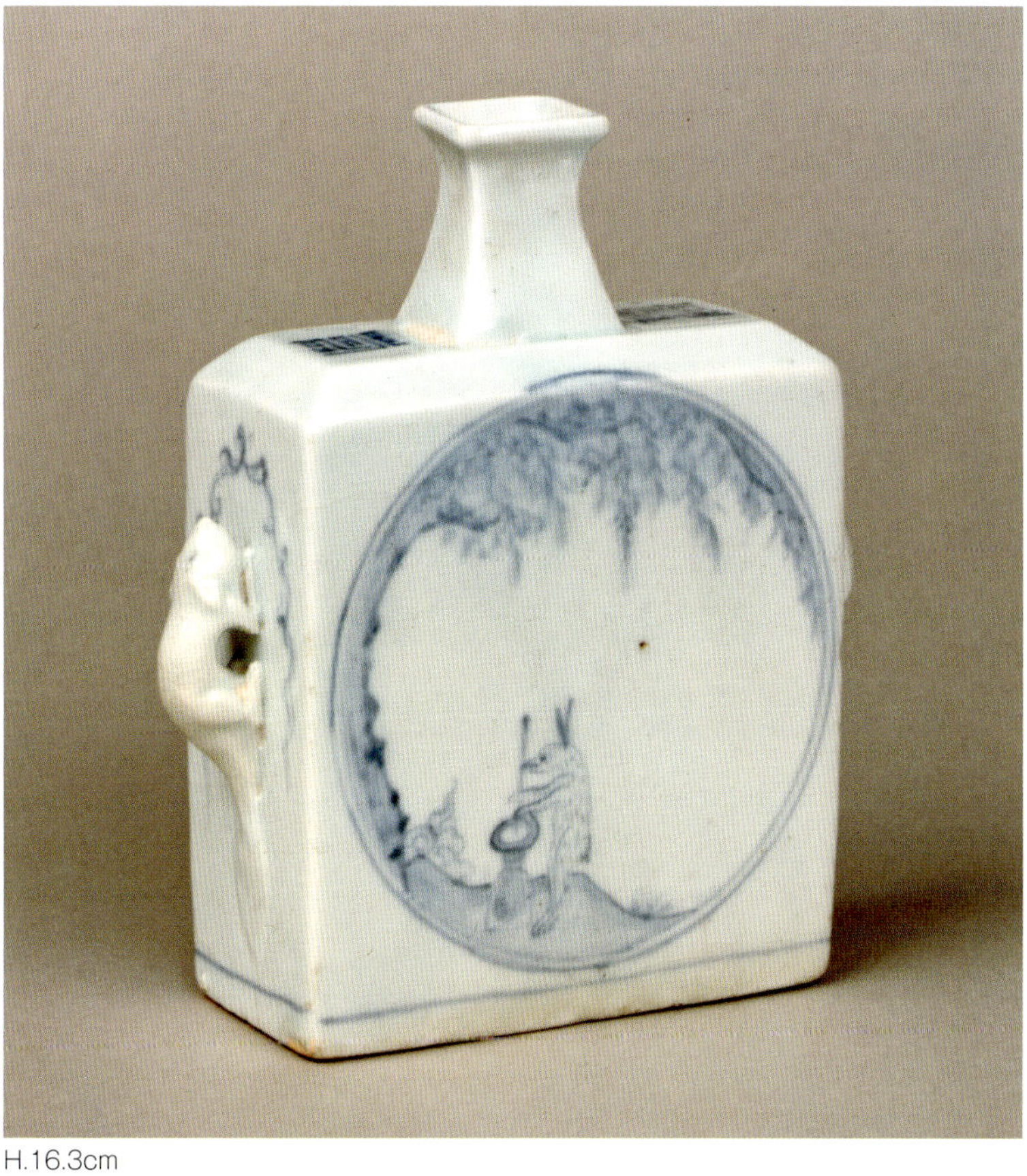

H.16.3cm

青《せい》花《か》月《げっ》宮《きゅう》殿《でん》兎《うさぎ》文《もん》角《かく》扁《へん》壺《こ》―李朝　山口県立萩美術館・浦上記念館蔵

ほぼ正方形の角扁壺の一面に兎を描き、反対の面は円圏内に小さく飛鳥を描いています。前者は月の中の兎を、後者は太陽の中の三本足の烏をあらわしています。両耳は栗鼠(りす)をかたどってあり、肩には「壽」「福」の二文字が書かれています。

L.25.6cm

青《せい》花《か》祭《さい》字《じ》四《よ》方《ほう》祭《さい》器《き》―李朝　山口県立萩美術館・浦上記念館蔵

やや反りぎみの長方形の中央に円圏を描き、その中に「祭」字を書いています。李朝文化の中心的理念である儒教の祭器です。

H.15.0cm

青《せい》花《か》葡《ぶ》萄《どう》栗《り》鼠《す》文《もん》壺《つぼ》―李朝　山口県立萩美術館・浦上記念館蔵

葡萄は豊穣のシンボルとして好まれた文様ですが、そこに栗鼠が一緒に描かれるのは李朝では稀です。しっとりとした肌に愛らしい栗鼠が生き生きと描かれています。

青花《せいか》 寿《ことぶき》 字皿《じさら》―李朝

見込みに二重円圏を描き、その中に「壽」という吉祥文字が青花で記されています。全体にやや厚手で高台も高く、結婚式や長寿を祝う宴席で使われたものと思われます。

D.21.7cm

青花《せいか》寿福康寧字《じゅふくこうねいじ》宝《たから》尽《づくし》文《もん》面取壺《めんとりつぼ》―李朝

李朝中期から後期にかけて、面取りの手法が多用されるようになります。この壺は八面の面取りに仕上げられたもので、肩には宝尽文を描き、胴部には吉祥文字を書いています。

D.13.1cm

文房具・小品

李朝は中国明王朝にならって国家の指導理念として、儒教を採り入れました。官吏の採用にあたっても科挙《かきょ》を施行しましたので、多くの人々が学問に励みました。その結果、文房具への関心が高まったといわれます。ここでは18世紀後半以降の水滴や魅力的な小品をご紹介します。青花《せいか》、白磁《はくじ》、瑠璃《るり》、鉄砂《てつしゃ》、辰砂《しんしゃ》と多彩ですが、李朝にはついに五彩《ごさい》（赤絵）は出現しませんでした。

青花《せいか》鉄砂《てっしゃ》鳥形《とりがた》水滴《すいてき》 | 李朝　L.9.2cm

鉄砂に青花を併用した珍しい水滴です。鳥の造形も素朴で、実際に使うと心が和みそうな作品です。

白磁《はくじ》陽刻《ようこく》蛟《こう》龍《りゅう》墨壺《すみつぼ》 | 李朝　W.7.5cm

青白色の美しい肌をした墨壺です。蛟龍は龍の一種で、水中に住む生きものの最高神といわれています。

青花《せいか》梅文《うめもん》角水滴《かくすいてき》 | 李朝　L.9.0cm

たて長の角水滴で、上面にのみ梅樹がすっきりと描かれ、いかにも文人好みの水滴です。

青花《せいか》松樹《しょうじゅ》虎文《とらもん》角水滴《かくすいてき》 | 李朝　W.7.4cm

山口県立萩美術館・浦上記念館蔵

虎がユーモラスに描かれていますが、青花の水滴で虎の図は大へん珍しいものです。

瑠璃《るり》釉《ゆう》白花《はっか》十長生文角瓶《じっちょうせいもんかくへい》｜李朝　H.14.8cm

山口県立萩美術館･浦上記念館蔵

白土によるしぼり出しの技法で、鶴や鹿など長寿のシンボルである十長生文を施し、地をコバルト顔料で塗りこめ、その上に透明釉をかけて焼成しています。

鉄地《てつじ》白花《はっか》陽刻宝尽文瓶《ようこくたからづくしもんへい》｜李朝　H.10.2cm

山口県立萩美術館･浦上記念館蔵

浮彫りであらわされた文様のみを白抜きにして、地を鉄砂釉で塗りこめ、その上に透明釉をかけ焼成しています。また、素地の全面に鉄砂釉を塗りこめたものを総鉄砂といいます。

染付辰砂梅鵲文瓶《そめつけしんしゃばいじゃくもんへい》｜李朝　H.23.2cm

山口県立萩美術館･浦上記念館蔵

梅花の部分だけに銅発色の辰砂（しんしゃ・釉裏紅）を用いています。鵲（かささぎ）は吉祥の鳥で李朝においてよく描かれます。

鉄砂枝木文瓶《てっしゃえだきもんへい》｜李朝　H.17.8cm

白磁の釉下に鉄顔料で絵付けしたものを鉄砂といいます。15世紀後半に始まりましたが17世紀以降さかんに生産されました。

プロがつぶやく

古陶磁の見かた、選びかた

浦上 満

私と古美術

私と古美術との出会い
—学生時代の経験—

1972年、大学生であった時、私は半年ほどヨーロッパを旅していました。そこに、私の父（浦上敏朗）と古美術商・繭山龍泉堂オーナーの繭山順吉氏、そして当時安宅産業の美術部長であった伊藤郁太郎氏（現・大阪市立東洋陶磁美術館名誉館長）の3人が、世界的に有名だった「チコチン・コレクション」を買い付けにスイスにやって来たのです。私もパリで合流し、ジュネーヴ近郊ヴヴェのチコチン邸へ同行しました。フェリックス・チコチン氏は浮世絵のコレクターであり、ディーラーでもある人で、イスラエルのハイファには自ら寄贈した美術館も持っていました。彼は「80歳になるので自分の浮世絵コレクションを手放したい。価格は150万スイスフラン（当時の邦貨換算で1億3千万円）を希望する。」と旧知の繭山順吉氏にオファーしてきたのです。

今でこそ1億数千万円の美術品はめずらしくありませんが、当時ではサザビーズやクリスティーズなどのオークションでも1億円を超すものは稀で、とても高い印象がありました。この時の商談の顛末を書くと長くなりますので割愛しますが、チコチン氏のすさまじいユダヤ商法を見せつけられたというのが実感でした。難産の末、やっと交渉は成立したのですが、意外なことに商談成立後、チコチン氏はとたんにしょんぼりして元気がなくなりました。

コレクターは自分のコレクションを手放す時、我が子を手放すような未練というか寂しさにおそわれるといいます。自分のペースでしたたかに商談を有利にもっていく姿と同時に、そういうナイーヴな姿を見て、私は少し心を動かされました。そんな私にチコチン氏は、「優れた美術品は世の中の宝だ。コレクターもいいがアートディーラーはもっとエキサイティングだよ。君はまだ若いし、美術品に囲まれた環境に育ったようだから真剣に美術商になることを考えたらどうか。最近は目の利く良い美術商がへってきていることだし。」と別れ際に熱っぽく語りかけました。しかしまだ20歳で将来の青写真が全く描けていなかった私は、要領を得ない生返事しかできなかったと記憶しています。私にとってチコチン・コレクションにかかわった数日間は、「美術品もいいけれど、それに関わる人間というか、人間ドラマって結構面白いかもしれない」という感想をもつ程度で、まさかそれから2年後、繭山順吉氏のお声掛かりで繭山龍泉堂に入り、古美術商としての道を歩み出すとは（その時は）夢想だにしていませんでした。

—美術商としての修業—

　1974年、私は古美術界の名門「繭山龍泉堂」に入社、繭山順吉氏を師と仰ぐことになりました。老舗である龍泉堂は新人採用にあたって、途中で辞めることがあらかじめわかっている者と客筋の子弟は採用しないという不文律がありました。私の場合、独立を前提とした修業であり、また父が龍泉堂の顧客だったこともあり、二大タブーに触れていたわけですが、繭山順吉氏が社長の任期を務める期間（あと数年間）、全責任をもつということで、店の人を説得して私を例外的に採用してくれたのでした。採用面接の時に繭山順吉氏が私に言われたことで印象に残っているのは、「10年修業しても駄目な人は駄目です。死にもの狂いでやりなさい。」と「美術商は決して大きな商売ではないが、その仕事は国際的で永遠です。私はこの美術商という仕事が大へん好きです。」という言葉です。結局、独立まで満5年、繭山順吉氏はじめ10名近い諸先輩の薫陶を受けることができたのは大へん幸せで有難いことでした。修業は、朝早くから店の掃除、お客様へのお茶くみ、使い走り、箱の採寸、紐通し、荷物の梱包などいわば雑用が中心となる仕事の中で、美術品は「覗き見る」ところからはじまります。ただ、選ばれた質の高い美術品をたくさん、繰り返し見ていくと、確かな直感力というか、美への感性が養われていくのは間違いありません。偽物やレベルの低い作品に対して、自然と拒否反応が出るようになるのです。ちょうど私が入社した年、創業70年を記念した「龍泉集芳」という名品図録の作成がはじまり、私も通常の仕事の手が少しでも空くと、繭山順吉氏の元で編集の手伝いをしました。龍泉堂が70年間に取り扱った名品を選び出すという仕事は、私にとってこの上ない貴重な経験となりました。2年後に刊行されたその本は各方面から高い評価を受けました。

—独立開業—

　繭山龍泉堂での5年間は、またたく間にすぎ1979年4月、28歳で独立し同年5月、浦上蒼穹堂を旗揚げしました。日本橋に5坪足らずの小さな店を構え、「開店記念小展」を行いましたが、大勢の方に来ていただき、恵まれたスタートがきれました。

　「蒼穹堂」の屋号は、龍泉堂で私が担当していた作家の立原正秋（1926〜1980）先生につけていただき、扁額も認めてもらいました。そのことを雑誌のエッセイに書いてくださり、その後多くの立原ファンが「蒼穹堂」の扁額を見に私の店へ来られました。立原先生は、高麗や李朝のやきものがお好きで、それらを対象にして小説の発想を得ることがあると語っておられました。特に私がお納めした李朝白磁大壺は最も気に入っておられ、小説やエッセイによく登場しました。その大壺は先生の54歳という早すぎる死の密葬の際、秋草が活けられ、多くの方に深い印象を与えました。

1979年3月、独立に際して立原正秋氏が名づけ、青墨で認めた扁額。
創業以来店に掲げてあり、今も香気をただよわせている。

—企画展・ニューヨークアートフェア—

独立以来、私は従来古美術の世界ではあまりやってこなかった企画展を次々に開催してきました。「李朝」展、「高麗青磁・李朝白磁」展、「ラビットフェアー」展、「宋元明織繍名品」展、「十周年」展、「紀元前中国陶瓷」展、「白磁」展、「越州窯動物図鑑」展、「紀元前中国陶瓷パートII」展、「中国古陶磁」展、「古染付小皿百選」展、「遼の陶磁」展、「古越磁動物百景」展、「北斉の陶磁」展、「三十周年記念」展、「隋唐鏡」展などです。

その都度、学者や研究者の方などの協力を得て、内容の充実した図録を作ってきました。「芸術新潮」をはじめいろいろな美術雑誌が記事にしてくださったり、特集を組んでくれたこともあります。サザビーズやクリスティーズのオークションカタログの参考文献にも頻繁に引用されました。

古陶磁、古美術をそれぞれの時代、生産地（窯など）、技法などテーマを絞りこみ、切り口を鮮明にしてお見せしたいというのが、数々の企画展の主旨だったのですが、それは自分自身にとっても作品の「別の貌」を発見することにもつながり、大へん勉強になりました。

1997年よりニューヨークで毎春開催されたインターナショナルアジアンアートフェアに日本人ディーラーとして初めて参加し、2007年まで11年連続出店しました。はじめの3年間は日本からの出店は蒼穹堂だけで戸惑うことも多かったのですが、だんだん注目度の高いブースの一つに数えられるようになり、ベッティングコミッティ（鑑定委員）も務めました。アメリカの美術館や有名コレクターも毎回購入してくれるようになり、美術に国境はないと実感しました。国内でも1995年より東京美術倶楽部で催される「東美特別展」や「東美アートフェア」に毎回出店し、伝統の中にも新機軸を打ち出そうと努力しています。また東京国際フォーラムで開催される「アートフェア東京」も第1回から参加出店し、コンテンポラリーアートと古美術のコラボレーションなども試みています。

—父の寄贈と美術館オープン—

1993年、私の父、浦上敏朗は40年間心血を注いで蒐めたコレクションすべてを、郷里である山口県へ寄贈しました。県ではこのコレクションのために新たに「山口県立萩美術館・浦上記念館」を建設し、1996年秋に開館しました。美術館の設計は丹下健三氏で斬新な美術館が萩市の中心部にできました。

寄贈したコレクションの内訳は浮世絵版画2000点と東洋古陶磁、青銅器など360点で、3大全国紙はじめ地元紙の紙面をにぎわし、ＮＨＫほかテレビでも大きく報道されました。

父はかねてから「せっかく苦労して蒐めた美術品を寄贈するやつは馬鹿だ。」と言っていたのですが、1ヶ月の入院生活を経て帰ってくると、思い立ったように「すべて寄贈したいが了解してほしい。」とまず長男である私に同意を求めてきました。日頃、「みんなお前にやるのだから親孝行しろ。」と言われていたのですが、不思議とそれほど驚くこともなく、デジャヴのように「親父が好きで蒐めたものだから、親父の好きにすればいい。自分に残してくれなくてもいい。」と言いました。美術評論家の青柳恵介さんは、その話をきいて「さばさばした浦上さん親子の表情が浮かんでくるようである。コレクションという執着に執着を重ねる行為の果ての解放に立ち会った親子の心の通い合いというのは、さぞかしこのようなものであろうと想像されるのである。」と雑誌「太陽」に書かれました。私は実はそんなに快く寄贈に同意したわけでもないのですが、ことさら残念だったわけでもありませんでした。もしこの寄贈と美術館設立の話が父ではなく第三者のことだとしたら、素晴らしい美談として拍手を惜しまないのに、それが我が身に起こったとき、「そんな馬鹿なことはやめてくれ。」というのも情けないと思ったりしました。そんな私の雑念はともかく美術館は今年（２０１１年）で無事開館15周年を迎えます。84歳になった父も東京在住ですが、名誉館長として毎月1週間ほど秋の美術館に行くことを楽しみにしています。

古美術品とは

では、古美術品とはどのようなものなのでしょうか。

古美術品は簡単に分類するだけで、仏教美術、茶道具、書画、鑑賞陶器、金石、漆器、刀剣などがあり、それぞれがクロスオーバーしており、各々の分野に専門の古美術商が存在しています。

一般に製作されてから百年以上経った作品のことを骨董品および古美術品といい、輸入などをする際、関税がかかりません。それでは百年以上経っていれば、すべて古美術品なのかというともちろん違います。古いだけの「古物」と美術品としての格を備える「古美術品」との間には歴然とした違いがあります。

歴史上いつの時代にも、もちろん現代もたくさんものが作られますが、それらの中で本当に優れたものはほんの一握りだということを我々プロは経験上知っています。たとえば現代作家の作品で、1点でも五百年後、千年後の世界で評価されるならば作家は芸術家冥利につきることでしょう。しかしながら、時代を超えて高い評価を保ち続け、時代の選別を乗り越えるということは大へん難しいことです。私が思う一流の古美術品とは、古いだけでなく今でも新鮮な魅力を放ち続けているものです。

中国のやきものを知る、感じる

古美術とよべる陶磁器

中国に「陶をもって政を知る」という言葉があります。その時代、時代のやきものを見れば、その時代の政治までわかるという意味です。文化ならまだしも政治まで？といいたいところですが、それほど中国において各時代の為政者が陶磁器の生産に力を入れていたということです。中国陶磁の名品は世俗を離れた名工が、山奥でひっそりと作ったものでなく、いわば国家プロジェクトのようなもので、当時の最新の技術と意匠を駆使して出来上がったものなのです。

　そんな国宝みたいな貴重なもの、めったにあるものじゃないとお思いでしょうが、さにあらず、まだまだそんなに高い価格でなく時代性を体現する作品が手に入るのです。そこが中国古陶磁を蒐集する大きな楽しみの一つなのです。

　例えば、ロンドンの大英博物館の中国陶磁展示室へ行き、時価10億円は下らない大名品のとなりに展示してある作品によく似たものが、日本橋の古美術商の店先で数十万円で売っているということも往々にしてあります。同じくロンドンにあるナショナルギャラリーへ行って、ラファエロの描いた名画のそばに掛かっている絵を見て、これに似たものが銀座の画廊にも数十万円であるとは絶対いえないわけで、そういう点では古陶磁にはまだまだ可能性が多く残されているということです。

　要はそのジャンルの中でも形やデザインが優れた作品を探すのがコツで、決して掘り出しものを見つけて下さいと言っているわけではありません。

　そのやきものを見るとそれが作られた時代を彷彿させる作品が、古美術とよばれる資格があると私は思います。

いいものに出会うために

見て触れる機会をつくる

　まずはいいものをたくさん見ることです。

　手立てとしては、美術館に行くことが第一に思い浮かばれるでしょう。それはとても良いことです。ですが、美術館の展示品はガラス越しに限られた方向からしか見ることができません。できれば、さまざまな角度から見て実際に触って重さや肌ざわりを感じて欲しいのです。

　そのために、敷居が高いと気遅れされる方もおいでかもしれませんが、こわがらずに古美術店の扉を開けて下さい。「拝見してもいいですか」「見せて下さい」と言われれば、拒む店はありません。実際に手に取りたければ勝手にさわらずに「さわってもいいですか」とひと言ことわってから丁寧に扱えばいいのです。日常生活のマナーと一緒です。値段を知りたければ「いくらですか」とお尋ねになればいいし、店の人と会話を交わすことで、その陶磁器の知識や魅力だけでなくさらに奥深い世界に話が広がっていくかもしれません。

　いきなりお店を訪ねるのはどうもということであれば、多くの店が出店するアートフェアや骨董市は気楽にみられる絶好の機会です。見本市みたいなものですから、ここに足を運んで自分好みのものを扱っている店を見つけることも手段のひとつです。その場で買わずに改めて店の方へ尋ねていって、じっくり主人と話をしてみるのもいいでしょう。いいものをたくさん見て、自分の本当に好きなものを見つける。価格や理屈で価値を判断するのではなく、やきものが発するオーラを全身で感じることです。

　もちろん専門家のアドバイスも聴いた上で、自分の感性に合う好きなものを選ぶ。予算も大切です。好みと予算はあなたのものなのですから。

好きなやきもの

中国のもの

青銅器文化の前にあった土器の文化は造形といい意匠といい、斬新で刺激的なものがあります。

私は１９９１年、１９９４年と2回「紀元前中国陶瓷」展を催しましたが、大へんな反響があり2回ともほぼ完売しました。その時作成した図録（各々１５０点以上の作品を所載）は、アメリカにおいても画期的ということで評判がよく、多くの入手希望者から「増刷してほしい」と要望がありました。主に考古学の対象とされていた紀元前中国の土器が鑑賞陶器として認知されるようになったのは、ここ20年くらいのことなのです。特に新石器時代の土器（彩陶《さいとう》、灰陶《かいとう》、黒陶《こくとう》など）は殷、周の青銅器に先行して作られ、その造形美は、現代に生きるわれわれにも強烈な印象を与えます。

私自身は新石器時代から宋時代が得意といえるかもしれませんが、「どの時代が好き」と尋ねられるのが一番困ります。明時代や清時代のものでも一級品はとても素晴らしく魅力的です。いいものはいいのですから時代は限定できません。

朝鮮半島のもの

朝鮮半島のやきものは高麗時代のものは中国の宋磁の影響を受け、完成度が高く気品の高いものです。ただ、中国のものよりやさしさを感じます。一方、李朝のやきものは飾りっ気がなく素朴で温かく見る者をとらえます。李朝のものは「畳にごろんと寝ころんで愛でるにいい」といわれるように緊張感よりも親しみ深さややすらかさがあり、日本人には驚くほど「李朝好き」が多いのです。

高麗や李朝のやきものは一頃大へん値上がりしたのですが、ここ数年来ウォン安の影響のせいか韓国の人たちの購買力（欲）が落ち、市場価格は落ち着いています。

もちろん個々の作品次第でびっくりするほど高値がつくこともあることはいうまでもありません。

いずれにしても、人の言葉や評価に惑わされることなく、ご自身の感性を大切にやきものと対峙して下さい。

日常生活での使いかた

身近で楽しむ

「日常生活で愛でる」これは大事なことです。

大切だからといって、いつも箱に入れたままで手元にあることに満足しているのではせっかく出会ったやきものの魅力も愉しみも半減してしまいます。やはり、見て触れて、時には使ってみてもいいでしょう。盃や碗は口で触れた感触と飲みごこちを楽しんでいただきたいと思います。

ある人が「中国のやきものはお姫さまみたいで近よりがたい」といったことがあります。美しいけどツンと気位が高い感じがしたのでしょう。確かに皇帝のために作られたやきもの（官窯）は威厳すら感じられて使いづらいところもあるでしょう。しかし官窯のものでも民窯で国内向けや海外へ輸出されたものでも、本来使うために作られたものはちゃんと使えばしっくりくるはずです。

以前、古美術界で有名な方が来られて、「浦上君の店はいいものが沢山あるが、使えるもの、例えば唐津や李朝のぐいのみのような味っぽいものが少ないねェ」と仰ったので、北宋の青白磁盃、盃台をお出ししました。「これは形も色も素晴らしい作品だが、これで一体何を飲むんだい？」と言われたので、だまって冷やしておいたシャンペンをお注ぎしたところ、気品のある盃にシャンペンがシュワシュワと泡立ち、とてもよく似合い美しかったので、その方は感嘆の声を上げられました。さらに口をつけて、「まさに皇帝の気分」と絶賛され、ご満悦でした。これは、ほんの一例ですが、中国のものは位が高くて使えないと決めてかからず、想像力を働かせて自分の身近なところで活かす方法を見つけて下さい。

タイムカプセルの蓋が開けられた！

戦国時代の灰陶布目印文杯でビールを飲む、新石器時代の土器に花を活けて楽しむなど、自分の感性で使い方を考えたらどうでしょう。ただそのものに失礼のないように大切に使うということが重要です。三国志の時代に作られたやきものでお酒がいただけるという豊かさ。古越磁などはまさにこの時代のものですから、もしかすると、歴史に登場した人物がこの盃で酒を飲んだのかもしれない。このような思いを抱けることは、現代作家の作品では到底感じることのできない悦びです。心ときめかずにはおられません。中国のやきもの、特に唐以前のものの多くは、ずっと土中に埋まり発掘されて長い眠りから覚めたばかりのものです。言い方をかえれば時空を超えてタイムカプセルに乗ってやってきたのです。茶道具の伝世品のように人の手を代々渡り現代に伝わったというものも大切ですが、鑑賞陶器の多くは現代アート同様、現代に生きる自分たちで価値を見いだせる美術品なのです。

美術界の潮流

国力に反映される文化への関心

「衣食足りて礼節を知る」という諺は、「衣食足りて美術を知る」に置き換えられると思います。たとえば、アジアにおけるオリンピックに注目してみますと、日本では東京オリンピック（１９６４年）の頃に「浮世絵」「柿右衛門」「伊万里」が、韓国ではソウルオリンピック（１９８８年）の時に「高麗」「李朝」のやきものが、そして中国はつい先年の北京オリンピック（２００８年）を機にさまざまな中国古美術品が里帰りしています。海外に流出した自国の美術品を発達した経済力にものをいわせて買い戻す傾向があるのです。美術品の移動は国力を反映しています。今、その力は中国に向かって大きく流れているといえるでしょう。

それに比べて、日本は残念ながら今、美術品を買う文化が急速に衰えつつあります。「不景気だからしょうがない」とか、「余分なお金がない」といった声が聞こえてきそうですが、これは、売上げののびない美術商の愚痴ではなく、実は国家的大問題だと思うのです。国家でも個人でも栄枯盛衰は、世の常ですが、最後に残るのは文化だということは歴史が証明しています。そういうことに思いを馳せ、自分に手の届くものから蒐集してみたらどうでしょう。

最新のマーケット情報

今こうして本書の校正をしている時でも、驚くようなニュースが次々と入ってきます。２０１０年10月7日の香港サザビーズ・オークションで清時代の乾隆年製（官窯）の粉彩瓢形瓶が2億5，266万香港ドル（邦貨換算約28億円）で落札されて、びっくりしたのも束の間、翌月11月11日ロンドンの小さなオークション会社ベインブリッジで、やはり乾隆粉彩の魚文瓶が4、300万ポンド、手数料を入れると5、310万ポンド（邦貨換算約72億円）で落札されたのです。まさに目も耳も疑う超高値です。この数字は当然、中国美術だけではなく東洋美術史上の世界最高値で、本書109頁の元青花人物文壺がもっていた記録を大幅に更新したものです。両方とも中国の人が買ったようですが、恐るべし中国パワーとでもいいましょうか。このように清や明の官窯を中心に中国陶磁の相場が急上昇していますが、値段に踊らされてはいけないと私は思います。私の素直な感想を申せば、どんなに良い作品でも乾隆の瓶1個に、それほどの金額を出すのなら、中国陶磁の一大コレクションが創れるのにということです。

　もちろん今回落札された作品にケチをつけるつもりはありませんし、価値観の変化や流行にも敏感にならなければいけないことは十分承知の上です。

　私は中国の人たちも、だんだん眼が肥えてくれば、宋や唐そしてもっと古い時代の陶磁器にも関心をもつようになると確信しています。時代を超えてきた美術品の底力というものは想像以上で、そう簡単にくつがえらないからです。

　しかし考えようによっては、まだまだ我々にチャンスがあるということです。

中国・朝鮮古陶磁に出会える美術館

山口県立萩美術館・浦上記念館　〒758-0074 山口県萩市平安古586-1
TEL0838-24-2400　FAX0838-24-2401
開館時間　9時〜17時（最終入館は30分前）
休 館 日　毎週月曜日（祝日の場合は開館）
著者の父である萩市出身の蒐集家・浦上敏朗氏が寄贈されたコレクションをもとに、1996年に開館した浮世絵版画と東洋陶磁、陶芸を専門とする美術館。萩市の中心に位置し、設計は丹下健三氏による。

愛知県陶磁資料館　〒489-0965　愛知県瀬戸市南山口町234
TEL0561-84−7474　FAX0561-84−4932
開館時間　9時30分〜16時30分
　　　　　（7/1〜9/30は9時30分〜17時、最終入館は30分前）
休 館 日　毎週月曜日・祝日の翌日・年末年始

出光美術館　〒100-0005 東京都千代田区丸の内3-1-1 帝劇ビル9階
ハローダイヤル03-5777-8600
開館時間　10時〜17時（金曜日は〜19時：最終入館は30分前）
休 館 日　毎月曜日・祝日の翌日

大阪市立東洋陶磁美術館　〒530-0005 大阪市北区中之島1-1-26
TEL06-6223-0055　FAX06-6223-0057
開館時間　9時30分〜17時（最終入館は30分前）
休 館 日　毎月曜日・祝日の翌日・年末年始・展示替え期間

五島美術館　〒158-8510 東京都世田谷区上野毛3-9-25
ハローダイヤル 03-5777-8600
開館時間　10時〜17時（最終入館は30分前）
休 館 日　毎月曜日・祝日の翌日・展示替期間・年末年始等
　　　　　※2012年秋頃まで改修工事のため休館。

出羽桜美術館　〒994-0044 山形県天童市一日町1-4-1
TEL023-654-5050
開館時間　9時30分〜17時（最終入館は30分前）
休 館 日　月曜日・祝日の翌日・年末年始・展示替え期間

東京国立博物館　〒110-8712 東京都台東区上野公園13-9
ハローダイヤル 03-5777-8600
開館時間　9時30分〜17時（最終入館は30分前）
　　　　　※延長の場合もあり
休 館 日　月曜日（祝日は開館、翌日休館）・年末年始
　　　　　※中国、朝鮮の陶磁器が展示されている東洋館は2012年まで工事のため休館。そのかわり、表慶館などで代替展示中。

福岡市美術館　〒810-0051 福岡市中央区大濠公園1-6
TEL092-714-6051　FAX092-714-6145
開館時間　9時30分〜17時30分（最終入館は30分前）
　　　　　7〜8月は19時30分まで開館（日曜・祝日を除く）
休 館 日　月曜日（祝・休日は開館、翌日休館）・年末年始

松岡美術館　〒108-0071 東京都港区白金台5-12-6
TEL03-5449-0251　FAX03-5449-0252
開館時間　10時〜17時（最終入館は30分前）
休 館 日　月曜日（祝・休日は開館、翌日休館）

※ここでは、本書に作品を掲載している美術館を中心に紹介しています。
（順不同）

著者略歴

浦上 満（うらがみ　みつる）

1951年生まれ。大学卒業後、古美術界の老舗・繭山龍泉堂に入社。1979年、5年間の修業の後、独立して日本橋三丁目に浦上蒼穹堂を創業。中国、朝鮮半島、日本の古陶磁を主に扱い、他に青銅器、漆器そして浮世絵（主に葛飾北斎）なども取り扱う。開業以来、数多くの展覧会を企画・主催し、コレクター、美術館関係者、作家など各方面に大きな反響を呼び、美術雑誌をはじめ多くのメディアに度々取り上げられる。そのつど作成する展覧会カタログも内外の研究者から学術的にも高い評価を得ている。国内の美術館、博物館の企画展にも協力、出品依頼が多数あり、1994年東京国立博物館で催された「中国の陶磁」展には全343点（国宝3点重要文化財30点を含む）中、42点を出品協力。個人コレクターを主眼におきながらも、国公立の美術館や財団法人の美術館、アメリカの美術館にも数多く作品を納める。

屋号の「蒼穹堂」は作家の故・立原正秋の命名で、直筆の扁額が店に掲げられ、その由来は氏のエッセイに詳しい。現在、（株）浦上蒼穹堂代表取締役、（株）東京美術倶楽部取締役、東京美術商協同組合理事、東洋陶磁学会特別会員、国際浮世絵学会常任理事、（財）出羽桜美術館理事、慶応義塾大学特別招聘講師。

浦上蒼穹堂のご案内
〒103-0027　東京都中央区日本橋3-6-9 箔屋町ビル3F
TEL 03-3271-3931　FAX 03-3271-3784
E-mail : info@uragami.co.jp（HPあり）
営業時間 10:00～18:00（日祝休）

写真撮影

原　弘文
坂本　守
祐実知明
小笠原敏孝

古美術商にまなぶ 中国・朝鮮古陶磁の見かた、選びかた

2011年2月13日　初版発行

著　者　浦上　満
発行者　納屋　嘉人
発行所　株式会社　淡交社
本　社　京都市北区堀川通鞍馬口上ル
電　話　【営業】075（432）5151
【編集】075（432）5161
支　社　東京都新宿区市谷柳町39-1
電　話　【営業】03（5269）7941
【編集】03（5269）1691
http://www.tankosha.co.jp

印刷・製本　図書印刷株式会社

ISBN978-4-473-03693-3

ブックデザイン　ウーム総合企画事務所